작심3일 10번으로 영어 끝내기

기초회화

랭기지플러스

왜 작심삼일인가?

세상에 계획을 안 세우거나 못 세우는 사람은 없다.

올 여름엔 다이어트를 해야지, 영어를 꼭 마스터해야지, 올해엔 책 좀 많이 읽어야지...

이번에는 꼭 해야지! 이번만큼은 기필코 해야지! 다짐하고 또 다짐 하지만 그러나 마음먹은 일을 끝까지 해내는 사람은 정작 드물다.

오죽하면 작심삼일이라는 사자성어까지 있지 않은가.

'나는 왜 3일을 넘기지 못하는 걸까' 자책도 해보지만

작심삼일이면 또 어떤가?

비록 3일 만에 끝나는 작심이라도

아예 시작도 안 하는 것보다는 훨씬 낫지 않은가?

우선 3일, 일단 시작이라도 해보자.

> 작심 1단계 작심삼일이라도 좋다. 일단 작심하자.
>
> 작심 2단계 딱 3일만 목표에 집중하고 그 다음은 쉬자.
>
> 작심 3단계 딱 10번만 작심하자.

딱 3일씩 10번만 작심해보자.

언젠가 포기했던 영어 끝내기의 길이 열리도록!

머리말

전 영어가 다이어트와 많이 닮았다고 생각해요. 이 세상에는 정말 다양한 다이어트 방법들이 있고, 우리는 여러가지 다이어트 방법들을 이미 알고 있습니다. 그리고 성공한 사람들도 꽤 있습니다. 그런데 왜 나는 살을 빼지 못하는 걸까요? 우리가 살을 빼지 못하는 이유는 방법을 몰라서가 아닙니다. 유명한 트레이너에게 배우지 못해서도 아니예요. '이 일을 해내고야 말겠다'는 의지가 있는가, '내가 얼만큼 이 일이 값지다고 생각하는가'에 따라 성공의 여부가 달려있다고 생각해요.

영어 공부도 마찬가지입니다. 어떤 방법이냐, 어떤 책이냐 보다, 우리의 마음가짐이 영어 성공을 결정짓는 가장 중요한 요소입니다. 지금 당장 '내가 영어공부를 해야만 하는 이유'를 세 가지만 적어보세요. 그리고 '선택한 이 교재에 나오는 영어는 반드시 모두 마스터 한다'는 다짐을 해보시기 바랍니다. 하셨나요? 자, 그럼, 작심3일을 시작해 보자구요. 그리고 3일후에는 또다른 작심을 하는 겁니다. 이렇게 10번을 하면, 일상생활에 필요한 기초적인 영어 회화를 익히게 될 겁니다.

걸음마를 배우듯 하면 됩니다. 한 걸음 가다 쿵, 다시 일어나고 두 걸음 가다 쿵, 다시 일어나고. 아기는 걷게 되기까지 이 천 번을 넘어진다고 해요. 생각해보면 그 작은 아기들이 참 끈기있죠? 그런데 우리 모두는 한 때 그런 끈기있는 아기였답니다. 그러니까 할 수 있다구요. 저도 응원하겠습니다!

저자 유시찬

외국인을 처음 만나 나누는 인사부터 일상적인 대화까지, 다양한 상황에서 가장 흔하게 사용하고 반드시 알아야 할 표현을 담았습니다. "기초 영어 회화를 할 수 있다"라고 하면 꼭 알아야 할 표현들이기 때문에 꼭 마스터하길 응원합니다. 딱 3일만 해보자는 마음으로 차근차근 시작해 보세요. 단순한 구성, 포인트를 콕 집는 쉽고 친절한 설명, 과하지 않은 분량, 재미를 더하는 삽화는 여러분이 작심 3일을 10번 반복하도록 도와주고, 기초 회화를 마스터하도록 도울 거예요!

상황별 필수 표현을 3일마다 마스터!

특정 상황에서 대화할 때, 반드시 알아야 할 표현들을 3일 동안 마스터할 수 있도록 구성하였습니다.

★ sisabooks.com에서 MP3 파일을 다운 받아 들을 수 있습니다.
★ 도서의 QR 코드를 찍으면 영상 강의와 원어민 발음을 들을 수 있습니다.
★ youtube.com/sisabooks에서 영상 강의를 시청할 수 있습니다.

1 흔하게 접하게 되는 상황 속
자연스러운 대화를 말해보는
기본대화

2 기본대화의 표현 중 중요한
사항을 확실하게 체크해 주는
포인트

3 변화된 상황에 맞는 적절한
표현을 연습할 수 있는
응용대화

4 문제를 풀며 익힌 내용을
확인하고 복습할 수 있는
다시 보기

목차

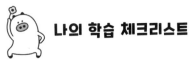

나의 학습 체크리스트

	DAY 1	DAY 2	DAY 3
★ 첫 번째 작심삼일	☐ ☐	☐ ☐	☐ ☐
★ 두 번째 작심삼일	☐ ☐	☐ ☐	☐ ☐
★ 세 번째 작심삼일	☐ ☐	☐ ☐	☐ ☐
★ 네 번째 작심삼일	☐ ☐	☐ ☐	☐ ☐
★ 다섯 번째 작심삼일	☐ ☐	☐ ☐	☐ ☐

예시와 같이 학습한 내용을
간단히 적어 체크리스트를 완성해 보세요.

	1 / 4 ✓
	☐ 가족소개
	☐ 형제 · 자매

	DAY 1	DAY 2	DAY 3
★ 여섯 번째 작심삼일	········· ☐ _____ ☐ _____	········· ☐ _____ ☐ _____	········· ☐ _____ ☐ _____
★ 일곱 번째 작심삼일	········· ☐ _____ ☐ _____	········· ☐ _____ ☐ _____	········· ☐ _____ ☐ _____
★ 여덟 번째 작심삼일	········· ☐ _____ ☐ _____	········· ☐ _____ ☐ _____	········· ☐ _____ ☐ _____
★ 아홉 번째 작심삼일	········· ☐ _____ ☐ _____	········· ☐ _____ ☐ _____	········· ☐ _____ ☐ _____
★ 열 번째 작심삼일	········· ☐ _____ ☐ _____	········· ☐ _____ ☐ _____	········· ☐ _____ ☐ _____

본격적인
회화 공부에 앞서
주의해야 할

영어 발음

B가 발음되지 않는 경우

M 뒤

단어 (뜻)	미국 사람	한국 사람 (잘못된 습관)
comb (빗)	코우움	콤/콤브
tomb (무덤)	투움	톰/톰브
bomb (폭탄)	바암	봄/봄브

T 앞

단어 (뜻)	미국 사람	한국 사람 (잘못된 습관)
debt (빚)	데에ㅌ	데브트
doubt (의심)	다우ㅌ	다우브트

➡ 'M+B' 또는 'B+T'이면 B 소리가 나지 않아요. 이 경우 B를 '묵음'이라고 해요.

D가 모음 사이에 끼면 /ㄹ/ 소리로 남

단어 (뜻)	미국 사람	한국 사람 (잘못된 습관)
everybody (모두)	에브리바리	에브리바디
model (모델)	(음)마를	모델
nobody (아무도~아닌)	노우바리	노바디
ready (준비된)	뤠리	레디

➡ D 소리는 워낙 약하기 때문에 툭하면 소리가 바뀌어요. 위와 같은 경우는 부드러운 모음 때문에 같이 부드러워지는 케이스예요. 그래서 굴러가는 소리인 /ㄹ/로 변한 거예요.

● **단어가 '~nd'로 끝나고 단어가 이어지면 D 발음은 생략**

단어 (뜻)	미국 사람	한국 사람 (잘못된 습관)
grandfather (할아버지)	그뤤파아더ㄹ	그래드파더
sandwich (샌드위치)	쌔앤위치	샌드위치

 J는 아니지만 다음과 같은 경우도 J와 같은 /쥬/ 소리가 남

단어 (뜻)	미국 사람	한국 사람 (잘못된 습관)
did you	디쥬	디드유
would you	우쥬	우드유
could you	쿠쥬	쿠드유

➡ D와 Y가 만나면 /쥬/ 소리가 나요. 이것을 연음 소리라고 해요. 미국 사람은 거의 99% 연음으로 소리를 내요.

🐑 A 다음에 L은 묵음

단어 (뜻)	미국 사람	한국 사람 (잘못된 습관)
walk (걷다)	워어크	워크
talk (말하다)	터어크	터크
almond	아먼드	아몬드
salmon	쌔애먼	샐몬

➡ walk(걷다)는 L이 묵음이어서 /워어크/가 되고 비슷한 단어인 work(일하다)는 /월크/라고 발음해요.

P p 🐑 P가 묵음인 경우

단어 (뜻)	미국 사람	한국 사람 (잘못된 습관)
psycho (정신병자)	싸이코우	싸이코
receipt (영수증)	뤼시이트	리시트
cupboard	커벌드	컵보드

R r 🐑 앞에 나오면 /뤄/

단어 (뜻)	미국 사람	한국 사람 (잘못된 습관)
rain (비)	뤠인	레인
red (빨간색)	뤠드	레드
rice (쌀)	롸이스	라이스
right (옳은)	롸이트	라이트
dragon (용)	드뤠곤	드래곤
eraser (지우개)	이뤠이서ㄹ	이레이저

T가 모음 사이에 끼면 /ㄹ/ 소리

단어 (뜻)	미국 사람	한국 사람 (잘못된 습관)
water (물)	워러	워터
total (합계)	토우럴	토탈
tomato (토마토)	터매이로우	토마토
bottle (병)	바를	보틀

➡ 모음 사이에 T가 있으면 발음이 부드러워져서 굴러 가는 소리인 /ㄹ/ 소리가 납니다. 앞에 언급된 D와 같은 케이스이죠. D와 T는 똑같이 약한 소리예요.

 **R 앞에서 묵음**

단어 (뜻)	미국 사람	한국 사람 (잘못된 습관)
write (쓰다)	롸잍	라이트
wrap (싸다)	뢥	랩
wrinkle (주름)	륀크어ㄹ	링클
wrist (손목)	뤼스ㅌ	리스트

모국어가 아니다 보니까 입에 딱 붙는데 시간이 걸려요. 발음을 다 외우려 하지 말고, 단어를 여러 번 읽으면서 자연스럽게 발음에 익숙해 지도록 노력해 보세요.

인사 나누기

🚩 인사를 할 때는?

첫 번째 작심삼일은 인사말로 시작해요. 인사말을 배울 때 사람들이 흔히들 놓치는 것이 있어요. 그건 바로 '반가운 감정 담기'예요. 천자문을 외우듯 수학 방정식을 외우듯 하면 안 된다는 거예요. 결국 영어도 학문이라는 껍질을 한꺼풀 벗겨 보면 사람과 사람 사이의 커뮤니케이션을 위한 수단이니까요. "Nice to meet you."라고 말할 때는 활짝 웃는 표정으로 반가움을 담아서 말해 보세요!

DAY 1
첫 만남
Pleased to meet you.

DAY 2
인사 나누기
How is it going?

DAY 3
헤어질 때 인사하기
It was lovely meeting you.

첫 만남
Pleased to meet you.

:🎧: 이-1

기본 회화로 말해볼까?

A **Pleased to meet you.**

만나서 반가워요.

B **Nice to meet you, too.**

저도 만나서 반가워요.

A **I'm Elizabeth. You can call me Beth.**

전 Elizabeth예요. Beth라고 부르셔도 돼요.

> **Tip** 같은 뜻으로 "Everyone calls me Beth."라고 말하기도 해요.

---

pleased 기쁜   nice 좋은   call 부르다

① '첫인사'하면 가장 먼저 "Nice to meet you."가 떠오르죠? "Pleased to meet you."라는 다른 표현을 써봤습니다. '만나서 기쁘다'는 표현이에요.

② "Nice to meet you."는 "It's nice to meet you."에서 It's를 생략한 형태입니다. '저도'라는 의미를 더하기 위해 뒤에 too를 덧붙여요.

③ 이름을 말할 때 'My name is ~'라는 표현도 있지만 가볍게 'I'm ~'이라는 표현을 많이 사용해요. 특히 한국 이름은 외국인이 발음하기 어렵잖아요? 애칭이나 영어 이름이 있다면 'You can call me ~'라고 알려주세요.

:◯: 01-2

- Glad/Pleasure to meet you.
  만나서 반가워요.

- I'm Emma from + **회사 이름**.
  ~ 회사의 Emma입니다.

- I'm from Korea.
  전 한국에서 왔습니다.

응용 대화로 말해볼까?

🎧 01-3

A Glad/Pleasure to meet you.
만나서 반가워요.

B Glad/Pleasure to meet you, too.
저도 만나서 반가워요.

A Hi, I'm Emma from Seoul Company.
안녕하세요. 서울 컴퍼니의 Emma입니다.

B Nice to meet you. I'm Christine.
반갑습니다. Christine이에요.

A Where are you from?
어디서 오셨어요?

B (I'm from) Korea.
한국이요.

다시 보기로 복습해볼까?

첫 번째 쟁스피영어

I 다음 중 "만나서 반갑습니다."라는 영어 표현으로 적절하지 않은 것을 골라보세요.

① Awkward to meet you.

② Pleased to meet you.

③ Glad to meet you.

앞의 대화를 참고해서 해봐!

포기 금지

2 자신의 이름을 넣어 '~라고 부르셔도 돼요'라는 영어 표현을 말해 보세요.

디테일 더하기

Nice to meet you. vs Nice meeting you.

to meet과 meeting은 작은 차이 같지만 의미는 완전히 다릅니다. "Nice to meet you."는 처음 만난 사람에게 만나서 반갑다고 인사하는 뜻이지만 "Nice meeting you."는 만나서 반가웠다고 헤어질 때 하는 인사예요.

DAY 2 인사 나누기
How is it going?

🎧 01-4

기본 회화로 말해볼까?

A Hey, **how's it going?**
안녕! 어떻게 지내?

B I'm good, <u>you?</u>
잘 지내지, 넌?

> **Tip** you? 혹은 and you?라고 묻거나, How about yourself?라고 상대방에게 같은 인사말을 되물을 수 있어요.

A I'm doing great!
나도 아주 잘 지내!

---

great 정말 좋은

22   첫 번째 작심삼일

1. 미국에서 생활을 한다면 수도 없이 사용하게 될 표현이 바로 "How is it going?"입니다. "How are you?"만큼 자주 쓰여요. "어떻게 지내?" 정도로 해석할 수 있어요.

2. "How are you?" 하면 반사적으로 "I'm fine, thank you. And you?"를 떠올리지 않나요? 틀린 표현은 아니지만, 많이 쓰지는 않는 표현입니다. 일반적으로 "I'm good." 혹은 더 짧게 "Good."이라고 해요.

3. "완전 잘 지내!"처럼 강조하고 싶을 때는 "I'm doing great." 혹은 "Great."이라고 대답할 수 있어요.

표현 더하기

🎧 01-5

- ### How are you?
  잘 지내세요?

- ### What's up?
  요즘 어때? / 안녕?

- ### How have you been?
  그간 어떻게 지내셨어요?

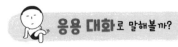

응용 대화로 말해볼까?

A Hi, how are you?
안녕하세요. 잘 지내요?

B Not bad.
나쁘진 않아요.

A What's up?
요즘 어때?

B Not much.
별일 없어.

> **Tip** "What's up?"에는 "별일 없다"라는 뜻의 "Nothing much," "Not much."로 답해요. 아니면 똑같이 "What's up?"으로 되물어도 대답이 된답니다. 주로 친한 사이에 주고 받는 인사예요.

A How have you been?
그동안 어떻게 지내셨어요?

B I have been doing great, thanks.
잘 지냈답니다. 감사해요.

> **Tip** 오랜만에 만나는 지인에게는 이렇게 인사를 건네 보세요.

다시 보기로 복습해볼까?

1 다음 중 "**How are you?**"에 대한 답변으로 알맞지 않은 것을 골라 보세요.

① Nice to meet you.

② I'm good. You?

③ Great. And you?

문제를 풀면서 다시 한번 익히는 거야!

포기 금지

2 "**What's up?**"에 대한 알맞은 대답을 영어로 써 보세요.

_____

_____

디테일 더하기

How are you? 의 진짜 쓰임새는?

"How are you?"라는 질문에 자신이 어떻게 지내고 있는지를 곰곰이 생각하느라 대답 타이밍을 놓치지는 않았나요? "안녕하세요?"라는 질문에 "별로 안녕하지 못하네요."라고 하지 않듯이, "How are you?" 또한 인사치레로 하는 말이기 때문에 깊이 생각하지 않아도 돼요. 즉, "How are you?"는 신상에 대한 질문이 아니라 가장 흔한 인사말일 뿐입니다. 5초 안에 끝나는 대화이니 부담 없이 대답해 보세요!

헤어질 때 인사하기
It was lovely meeting you.

기본 회화로 말해볼까?

:🎧: 이-7

A **It was lovely meeting you.**
만나서 반가웠어요.

B **Likewise. Have a good day!**
저도요. 즐거운 하루 되세요!

> **Tip** day는 '하루, 날' 이외에 '낮'이라는 뜻도 갖고 있어요. 늦은 오후 시간에 헤어진다면 evening, night 등 상황에 맞는 단어를 사용해 주세요!

A **You, too!**
당신도요!

---

likewise 마찬가지다, 동감이다   good day 좋은 날

① lovely라는 말이 왠지 사랑스럽지 않나요? "Nice meeting you." 대신 "It was lovely meeting you."라고도 말할 수 있어요.

② "Likewise."는 "저도 그렇습니다."라는 의미로 쓸 수 있어요. 저녁 시간 이후에 헤어진다면, "Have a good evening." 또는 "Have a good night."이라고 말하면 되겠죠?

③ "Me, too."와 "You, too."를 혼동하지 않도록 주의해 주세요! 상대방이 "Have a good day. (즐거운 하루 되세요.)"라고 말했고, 여기에 대한 답으로 "당신도 좋은 하루 보내기 바란다"라고 말해야 하기 때문에 "You, too."를 써야 한답니다.

:🎧: 01-8

표현 더하기

- Have a good night!
  좋은 밤 보내세요!

- Have a wonderful weekend!
  멋진 주말 보내세요!

- Have a great holiday!
  즐거운 휴일 보내세요!

:◯: 01-9

A Well then, have a good night!
그럼, 좋은 밤 되세요!

B You, too.
당신도요.

- -

A Have a wonderful weekend!
멋진 주말 보내세요!

B You, too, sir!
선생님도 멋진 주말 보내세요!

Tip 남자인 상대방을 높여 말할 때 sir를 써요.

- -

A Have a great holiday!
즐거운 휴일 보내!

B You, too, Shichan!
시찬이 너도!

Tip 비슷한 표현으로 "Enjoy your holiday!" 라고 말하기도 해요.

---

weekend 주말   holiday 휴일, 휴가

다시 보기로 복습해볼까?

1 다음 중 친구와 저녁을 먹은 뒤 헤어질 때 할 수 있는 말로 알맞은 것을 골라 보세요.

① Have a great day!

② Have a great evening!

③ Have a great dinner!

한번 써보면
더 잘 기억할 수 있어!

포기 금지

2 다음 빈칸에 알맞은 표현을 써 보세요.

_____ day! (좋은 하루 보내!)

디테일 더하기

> **Have a good one.** 은 무슨 말이지?
>
> "Have a good one." 또한 "좋은 하루 보내."라는 말이에요. 친구 사이에서도 많이 쓰이지만, 잘 모르는 사람, 혹은 물건을 사고 가게를 나설 때도 많이 듣게 되는 말입니다. "Have a good day."가 보통 낮에 쓰이는 말인 반면 "Have a good one."은 시간대에 상관없이 쓸 수 있어요.

인사 나누기 파트를 배운 당신
이 정도는 말할 수 있다!

1 처음 만나는 외국인과 인사를 나눈 당신, 상대방이 내 이름을 발음하기 어려워하네요. 내 영어 이름인 Julie로 불러 달라고 말해 볼까요?

2 한동안 못 봤던 친구와 우연히 길거리에서 만났어요. 그동안 어떻게 지냈는지 한번 물어볼까요?

정답 **1_**You can call me Julie.   **2_**How have you been?

두 번째 작심삼일

'나' 소개하기

나에 대해 이야기할 때는?

두 번째 작심삼일에서는 '나'에 대해 이야기합니다. 나의 가족, 직업, 취미에 대해 이야기하면서, 다른 사람에게 나를 이해시키고, 타인과 친밀한 관계를 형성해 봅시다. 수십억 개의 단어를 담고 있는 데이터베이스인 옥스포드 잉글리쉬 코퍼스가 수집한 자료에 따르면, '나'를 뜻하는 단어 I는 존재하는 모든 영어 단어 중 사용량 면에서 10위에 올랐다고 합니다. (1위는 the, 2위는 be) 그만큼 '나'에 대한 이야기는 중요하겠죠?

DAY 1 가족 소개하기
I have two sisters.

DAY 2 직업 소개하기
I work for a publishing company.

DAY 3 취미 말하기
I enjoy (listening) to music.

가족 소개하기
I have two sisters.

기본 회화로 말해볼까?

🎧 02-1

A Do you have any brothers or sisters?

형제나 자매가 있으세요?

B **I have two older sisters. What about you?**

언니가 두 명 있어요. 당신은요?

A I'm an only child.

저는 외동이에요.

> **Tip** "What about you?"
> 대신 더 간단하게 "Yourself?"
> 라고 해도 돼요.

> **Tip** "Just me."라고
> 바꿔 말할 수도 있어요.

---

only 유일한

① 'Do you have' 뒤에 명사를 넣어 말하면 '너 ~이 있어?'라는 뜻이에요. 형제자매라는 뜻의 siblings라는 단어도 있는데요, 회화에서는 brothers or sisters를 더 많이 써요.

② 그냥 sister라고 말하면 '자매'라는 뜻이 돼요. 언니나 누나의 경우는 앞에 older, 여동생의 경우는 앞에 younger를 붙여 나와의 관계를 설명해 주세요.

③ '외동'이라는 단어, 영어로는 조금 낯설죠? 생각보다 간단합니다. '하나밖에 없는 자녀'라는 뜻으로 'only child'를 사용하면 돼요.

:🎧: 02-2

표현 더하기

● Do you have any sisters?
누나(언니)나 여동생이 있으세요?

● How many are in your family?
가족이 몇 명이에요?

● I would love an older brother.
형/오빠가 있었으면 좋겠어요.

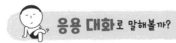

A **Do you have any sisters?**

혹시 누나나 여동생이 있으세요?

B No, I only have two older brothers.

아니요, 형만 둘이에요.

A **How many are in your family?**

가족이 몇 명이에요?

B Three.

세 식구예요.

A **I would love an older brother.**

저는 오빠가 있었으면 해요.

B It would be great to have a younger sister!

저는 여동생이 있었으면 좋겠어요!

다시 보기로 복습해볼까?

| 영어로 '두 명의 언니'에 해당하는 단어를 써 보세요.

_____

2 "저는 외동이에요."에 해당하는 말을 영어로 써 보세요.

_____

한번 써보면
더 잘 기억할 수 있어!

디테일 더하기

siblings(형제자매) 와 관련된 재미있는 문구를 살펴 볼게요.

Siblings are our partners and rivals, our first friends, and first enemies.
형제란 우리의 파트너이자 라이벌이고, 우리의 첫 친구이며, 우리의 첫 적이기도 하다.

– Erica Goldblatt Hyatt

DAY 2 직업 소개하기
I work for a publishing company.

🎧 02-4

기본 회화로 말해볼까?

A What do you do?
무슨 일을 하세요?

B I work for a publishing company.
What about you?
저는 출판사에서 일해요. 당신은요?

A I'm a writer.
전 작가예요.

---

publishing company 출판사   writer 작가

꼭 필요한 **포인트**만 콕 집어줄게

❶ 우리말에서도 "직업이 뭐예요?"보다 "무슨 일 하세요?"라고 많이 묻죠? 영어에서도 마찬가지랍니다. "What's your job?"이라고 묻기도 하지만 "What do you do?"라고 더 많이 물어요.

❷ 'I work for' 뒤에 일하는 곳의 명칭을 넣으면 '저는 ~에서 일해요'를 표현할 수 있어요. 같은 질문을 되묻고 싶을 때는 "What about you?"라고 말하면 돼요.

❸ 'I am a…' 다음에 직업을 써주면, '전 …입니다'라고 직업을 소개할 수 있어요.

🎧 02-5

 표현 더하기

- **What do you do for a living?**
  무슨 일을 하세요?

- **I am a programmer.**
  저는 컴퓨터 프로그래머예요.

- **I'm looking for a job.**
  구직 중이에요.

응용 **대화** 로 말해볼까?

:🎧 02-6

A **What do you do for a living?**
무슨 일을 하세요?

B **I am a chef at a restaurant in Gangnam.**
저는 강남에 있는 한 레스토랑의 주방장이에요.

A **I am a programmer.**
저는 컴퓨터 프로그래머예요.

B **That's so cool. My dad is a programmer, too!**
멋지네요. 우리 아버지도 프로그래머세요!

A **What do you do?**
무슨 일을 하세요?

B **I am looking for a job.**
구직 중입니다.

---

chef 주방장   programmer (컴퓨터) 프로그래머

다시 보기로 복습해볼까?

세 번째 직업이입 ☞

| "저는 구글(Google)에서 일해요."에 해당하는 말을 영어로 써 보세요.

---

2 다음 중 직업을 묻는 영어 표현이 아닌 것을 골라 보세요.

① What's your job?

② What do you do on the weekend?

③ What do you do for a living?

헷갈린다면
앞의 내용을 확인해도 괜찮아.

포기 금지

디테일 더하기

What do you do? vs **How do you do?**

위의 두 표현은 맨 앞의 단어 하나만 다르지만 완전히 다른 뜻이에요.
"What do you do?"는 무슨 일을 하는지 직업에 대한 질문이고,
"How do you do?"는 처음 만난 사람에게 하는 정중한 인사입니다.

DAY 3

취미 말하기
I enjoy (listening to) music.

:🎧: 02-7

기본 회화로 말해볼까?

A What do you do in your free time?
쉬는 시간엔 무얼 하세요?

B I enjoy music. What about you?
저는 음악 듣는걸 즐겨요. 그쪽은요?

A Well, I love to binge-watch Netflix.
저는 넷플릭스 몰아 보는 걸 좋아해요.

> **Tip** 요즘에 많이 쓰는 표현이지만,
> "I spend all my time on Netflix."
> 라고 말해도 좋아요.

---

enjoy 즐기다   binge-watch 몰아보다, (드라마, 시리즈 등을) 정주행하다

1. "What do you do in your free time?"은 취미를 물을 때 우리가 흔히 아는 "What is your hobby?"보다 훨씬 많이 쓰이는 표현이에요.

2. 'I enjoy + 동사ing' 형태로 '~하는 것을 즐긴다'는 표현을 할 수 있어요. 하지만 일상 대화에서는 listening to를 생략하고 짧게 "I enjoy music."이라고 쓰기도 해요.

3. 한 두 편을 볼 때는 'watch'라고 하지만 우리말의 '몰아보기'를 말할 때는 'binge-watch'라는 표현을 쓸 수 있어요. 'binge'는 '폭식, 폭음'이라는 의미를 가지고 있어요.

 표현 더하기 🎧 02-8

- **What do you do for fun?**
  취미가 뭐예요?

- **Do you have any hobbies?**
  취미가 있으신가요?

- **I like to watch American shows.**
  저는 미드 보는 걸 좋아해요.

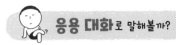

A **What do you do for fun?**
취미가 뭐예요?

B I enjoy reading books.
저는 책 읽는 것을 좋아해요.

A **Do you have any hobbies?**
취미 있으세요?

B Well, I like to go fishing on the weekend.
글쎄요, 주말에 낚시 가는 걸 좋아해요.

A What do you like to do in your free time?
쉬는 시간에 주로 뭐하세요?

B Nothing much. **I like to watch American shows.**
특별한 건 없고, 미드 보는 걸 좋아해요.

> **Tip** 미드라고 부르는 미국 드라마류는 보통 American shows, American series, drama shows, drama series 라고 해요.

---

go fishing 낚시하러 가다

 **다시 보기**로 복습해볼까?

| 다음 중 취미를 묻는 영어 표현이 아닌 것을 골라 보세요.

① What do you do for fun?

② What do you like to do in your free time?

③ What do you do for a living?

2 영어로 '몰아보다, (드라마를) 정주행하다'에 해당하는 단어를 써 보세요.

안 외워지면
또 보면 되는 거야!

포기 금지

디테일 더하기

What do you do in your free time?

∨s

What's your hobby?

"취미가 뭐예요?"라는 말은 "What's your hobby?"라고 영어로 직역될 수 있겠지만, 정작 원어민들은 거의 이 말을 사용하지 않는다고 해요. 그보다 "What do you do in your free time?"이라는 말을 훨씬 더 자주 쓴다고 합니다.

'나' 소개하기 파트를 배운 당신
이 정도는 말할 수 있다!

1 친구의 소개로 소개팅에 나간 당신, 첫 만남이라 어색하기만 한데요.
상대방의 취미를 한번 물어볼까요?

2 길거리에서 인터뷰에 응하고 있어요. 인터뷰어가 당신의 직업이 무엇
인지 묻네요. 어떻게 답할 수 있을까요?

정답 1_What do you do in your free time?   2_I work for 회사 이름.

쓸데없는 짓
하지 말고
이거 3일만 해봐!!

세 번째 **작심삼일**

감정 표현하기

나의 감정을 표현할 때는?

표현하고 싶은 내 감정을 원하는 대로 말하지 못한다면 정말 답답하겠죠? 때로는 상대방으로부터 오해를 사기도 하고요. 세 번째 작심삼일에서는 내가 갖고 있는 감정을 어떻게 하면 잘 표현할 수 있는지에 대해 알아볼 거예요. 고마움과 미안함, 긴장감 등을 나타내는 표현을 배우면서 상대방에게 나의 감정을 솔직하게 말해 보세요.

DAY 1

사과하기

I'm sorry.

DAY 2

감사 인사하기

Thanks for helping me.

DAY 3

다양한 감정 표현하기

I feel nervous.

사과하기
I'm sorry.

기본 회화로 말해볼까?

🎧 03-1

ⓐ Where's my pie?
Hey, did you eat my pie in the fridge?
내 파이 어디 있지? 이봐, 냉장고에 있는 내 파이 먹었어?

ⓑ **I'm sorry.** Yes, I did.
미안, 내가 먹었어.

ⓐ That was expired weeks ago. Are you okay?
그거 유통기한 몇 주는 지난 건데. 너 괜찮아?

---

fridge 냉장고   expired 기한이 지난, 만료된

1. "너 ~을 했니?"라고 물어보고 싶다면, 'Did you + 동사원형?'의 형태로 말할 수 있어요. 냉장고는 우리가 외웠던 refrigerator보다 fridge라는 단어를 실제로는 더 많이 사용한답니다.

2. 'Did you~?'의 형태로 질문을 받았다면, "I did." 혹은 "I did not."으로 간단히 대답할 수 있어요. 추가적으로 미안한 이유를 설명할 때 'Sorry for + 동사ing'로 말해 보세요.

3. 음식 상자에서 'Expiry Date' 혹은 'Best Before'라는 문구를 본 적 있나요? 유통기한의 영어 표현입니다. 음식이 상했다고 말하고 싶다면 "It's bad/sour."라고 하면 돼요.

표현 더하기

◯ 03-2

- Sorry I'm late.
  늦어서 미안해.

- I'm so sorry. / I'm terribly sorry. / I'm really sorry.
  정말 미안해.

- I'm sorry I missed the class.
  수업에 빠져서 죄송해요.

A **Sorry I'm late.**

늦어서 미안해.

B What took you so long?

왜 이리 오래 걸렸어?

- -

A Ouch!

아야!

B Oh, **I'm terribly sorry.** Are you okay?

어머, 정말 죄송해요. 괜찮으세요?

- -

A **I'm sorry I missed the class.**

수업에 빠져서 죄송해요.

B It's okay. <u>You were ill.</u>

괜찮아. 너 아팠잖아.

> **Tip** "Don't apologize.
> It's not your fault. (미안해 할
> 거 없어. 네 잘못이 아니야.)"라는
> 말도 비슷한 상황에서 많이 쓰이
> 는 표현이니 기억해 두세요.

---

terribly 너무, 대단히   ill 아픈, 병든

다시 보기로 복습해볼까?

| "늦어서 미안해."에 해당하는 말을 영어로 써 보세요.

_____

2 다음 중 "네가 내 케이크를 먹었니?"에 해당하는 영어 표현을 골라
보세요.

① Were you eating my cake?

② Did you eat my cake?

③ Will you eat my cake?

헷갈린다면
앞의 내용을 확인해도 괜찮아.

포기 금지

디테일 더하기

Sorry vs Apologize

우선 sorry는 형용사이고, apologize는 동사입니다. 그리고 sorry보
다는 apologize가 조금 더 공식적이고 격식을 갖춘 표현이에요. 사람
에 따라 격식을 갖추지 않아도 될 자리에서 apologize를 사용하면 진
짜 미안한 것이 아닌 가식적인 사과라고 느끼는 사람도 있다니 상황에
맞는 어휘를 사용하는 게 중요하겠죠?

DAY 2 감사 인사하기

Thanks for helping me.

🎧 03-4

기본 회화로 말해볼까?

A **Thanks for helping me** with my homework.
오늘 숙제 도와줘서 고마워.

B No worries. What are friends for?
아니야. 친구 좋다는 게 뭔데?

A I'll buy you dinner today.
오늘 내가 저녁 살게.

> **Tip** 이와 같은 뜻으로 "I'll treat you to dinner."가 있고, "Dinner is on me. (저녁 내가 낼게.)"도 많이 사용해요.

---

homework 숙제

1. Thanks for 뒤에는 '동사ing' 형태나 명사를 쓸 수 있어요. Thanks for coming. / Thanks for your help. 이렇게요! 뒤에는 'with'와 함께 곤란했던 상황, 사건 등을 넣어 고마움의 이유를 설명할 수 있어요.

2. worry는 '걱정'이라는 뜻의 단어로 "No worries."하면 '신경 쓸 거 없다'는 뉘앙스의 말이 돼요. 또 친한 친구가 고맙다고 할 때, "친구 좋다는 게 뭐야?"라는 말은 "What are friends for?"라고 할 수 있어요.

3. I'll은 I will의 축약형입니다. 나의 미래 의지를 나타낼 때 사용할 수 있는 표현이에요.

:🎧: 03-5

 표현 더하기

- **Thanks for the gift!**
  선물 고마워!

- **Thank you for listening.**
  들어주셔서 감사합니다.

- **Thanks a lot.**
  정말 고마워.

응용 대화로 말해볼까?

A **Thanks for the gift!**
선물 고마워!

> **Tip** 직역하면 "말도 마."가 되죠.
> 여기서는 '뭘 이런 것 가지고.'의
> 뉘앙스로 말했어요.

B **Don't mention it. I had a lot of fun.**
에이, 뭘. 오늘 너무 재미있었어.

A **Thank you for listening.**
들어주셔서 감사합니다.

B **It was a great speech!**
정말 멋진 연설이었어요!

A **Good luck today!**
오늘 잘하고 와!

B **Thanks a lot!**
정말 고마워.

---

mention 말하다, 언급하다   speech 연설, 담화   luck 운(수)

다시 보기로 복습해볼까?

다음 빈칸을 채워 우리말에 해당하는 영어 표현을 완성해 보세요.

① 들어 주셔서 감사합니다.

Thank you _____.

② 선물 고마워.

Thanks for _____.

문제를 풀면서
다시 한번 익히는 거야!

포기 금지

디테일 더하기

What would I do without you?

"너 없으면 어쩔 뻔 했니?"라는 뜻으로 친구가 도움을 주었을 때 "Thank you."보다 큰 감동을 표현할 수 있는 말이에요.

다양한 감정 표현하기
I feel nervous.

:🎧: 03-7

기본 회화로 말해볼까?

A Don't you have a job interview tomorrow?

내일 면접 있지 않아?

B Yes, I do. **I feel nervous.**

응, 맞아. 긴장돼.

A Don't be nervous. You can do it!

긴장하지 마. 넌 할 수 있어!

> **Tip** "You'll be alright. Don't worry.
> (넌 잘 할 거야. 걱정 마.)"라고 말하며
> 힘을 줄 수도 있어요.

---

job interview (취업을 위한) 면접   nervous 긴장한

꼭 필요한 **포인트**만 콕 집어줄게

1. '~하니?'하고 물을 때는 'Do you ~?'라고 하지요. '~ 하지 않니?'라고 물을 때는 'Don't you ~?'로 말할 수 있어요.

2. 감정을 표현할 때는 be동사와 감정을 나타내는 형용사를 함께 사용하거나 동사 feel을 사용해 "I'm nervous." 혹은 "I feel nervous."와 같이 말할 수 있어요.

3. '~하지 마'라는 명령문은 Don't 뒤에 동사 원형을 써줍니다. 하지만 nervous는 형용사라서 동사처럼 표현하려면 앞에 be동사가 필요해요. 그래서 "Don't nervous."가 아닌 "Don't be nervous."가 됩니다.

세 번째 정사각형

표현 더하기

03-8

- **I'm scared.**
  나는 무서워.

- **I'm so excited.**
  나는 너무 신나.

- **I'm worried.**
  나는 걱정돼.

응용 대화로 말해볼까?

03-9

A Ghost house is so much fun!
유령의 집 너무 재미있다!

B I'm scared. Can't we go out?
나 무서워. 나가면 안돼?

A Where are you going on vacation?
너 휴가 어디로 가?

B Spain! I'm so excited!
스페인! 너무 신나!

A Where is Cindy?
신디 어디 있어?

B I don't know. I'm worried.
모르겠어. 걱정되네.

---

ghost 유령   vacation 휴가

다시 보기로 복습해볼까?

| 영어로 '면접'에 해당하는 단어를 써 보세요.

_____

2 다음 빈칸을 채워 우리말에 해당하는 영어 표현을 완성해 보세요.

_____ scared.

나 무서워.

한번 써보면
더 잘 기억할 수 있어!

포기 금지

디테일 더하기

How do you feel right now?

"How do you feel right now? (지금 기분이 어때?)" 상대방의 기분
이 궁금하다면 이 표현을 사용해 보세요. 그리고 다양한 단어를 이용해
나의 감정도 표현해 보세요.

awkward 어색한   depressed 우울한   embarrassed 창피한
shocked 충격 받은   touched 감동 받은   upset 화난, 섭섭한

감정 표현하기 파트를 배운 당신
이 정도는 말할 수 있다!

1 정말 급한 일이 있었는데 친구의 도움으로 해결이 됐어요. 고마운 마음에 저녁 한 끼라도 사고싶은데. 어떻게 말할 수 있을까요?

2 지난 며칠 동안 친구와 연락이 닿지 않았어요. 다른 친구가 그 친구의 소식을 아냐고 물어보네요. 걱정된다고 한 번 말해볼까요?

정답 　**1_**I'll buy you dinner. / I'll treat you to dinner. 　**2_**I'm worried.

가뿐

쉬었다 해
10번 금방이야~~

네 번째 **작심삼일**

일정 말하기

계획을 이야기할 때는?

우리는 보통 하루 동안 해야 할 일을 한두 개씩은 갖고 있어요. 네 번째 작심삼일에서는 해야 할 일을 어떻게 표현하는지 배웁니다. 데일 카네기는 이런 말을 남겼어요. "Inaction causes you to have doubt and fear while action causes you to develop courage and confidence. (아무것도 하지 않는 것은 의심과 두려움을 낳지만, 행동하는 것은 용기와 자신감을 낳는다.)"

DAY 1

하고 있는 일 말하기

I'm doing my homework.

DAY 2

앞으로 할 일 말하기

I'm going to move to Seoul.

DAY 3

해야 할 일 말하기

I have to rent a car today.

DAY 1 하고 있는 일 말하기
I'm doing my homework.

기본 회화로 말해볼까?

:🎧: 04-1

A What are you doing, son?
뭐하니, 아들?

> **Tip** 실제로 아들이
> 뭐라고 대답할까요?
> "숙제요!"라고 하겠죠?
> "Homework, mom."

B I'm doing my homework, mom.
숙제 중이에요, 엄마.

A Let me know if you need anything.
필요한 거 있으면 이야기하렴.

---

need 필요로 하다

① 상대방이 무엇을 하고 있는지 물을 때 쓸 수 있는 표현이에요. "What is John doing?"처럼 are you 부분만 바꾸어 다양하게 활용할 수 있습니다.

② '지금 ～하는 중이에요'라고 말하고 싶으면, 'I am + 동사ing' 형태를 써주면 돼요. 'do homework'는 '숙제를 하다'라는 표현입니다.

③ 'Let + 대상(목적격) + 동사 원형'을 이용해 '대상이 ～하게 하다'라고 표현할 수 있어요. 많이 쓰이는 표현이니 통으로 기억했다가 꼭 사용해 보세요.

🎧 04-2

표현 더하기

● Where are you doing your homework?
어디서 숙제하고 있어?

● I'm having lunch.
나는 점심을 먹고 있어.

● My friends are all in class.
친구들은 다 수업 듣는 중이야.

응용 **대화**로 말해볼까?

A **Where are you doing your homework?**
어디서 숙제하고 있어?

B At Starbucks. It's friendly and cozy.
스타벅스. 편하고 좋아.

- -

A What are you doing now?
너 지금 뭐해?

> **Tip** have 동사 뒤에 음식
> 이나 식사가 나올 경우 '~을
> 먹다'라는 뜻이 돼요.
> 물론 "I'm eating lunch."
> 라고 해도 돼요.

B **I'm having lunch.** Want to join me?
점심 먹고 있어. 같이 먹을래?

- -

A Why are you studying alone?
왜 혼자 공부하고 있어?

B **My friends are all in class.**
친구들은 다 수업 듣는 중이야.

> **Tip** "왜 혼자서 공부하고 있어?"
> 라고도 말하지만 친구랑 이야기할
> 때는 "혼자 공부해? 왜?" 이렇게
> 많이 묻죠? 영어도 실생활에서는
> "Studying alone? But why?"
> 라고 짧고 쉽게 말해요.

---

friendly 친숙한   cozy 아늑한, 편안한

다시 보기로 복습해볼까?

| 영어로 '숙제'에 해당하는 단어를 써 보세요.

_____

_____

2 다음 우리말에 해당하는 영어 표현을 써 보세요.

나는 내 방을 치우는 중이야.

_____

*clean 청소하다 my room 내 방

앞의 대화를 참고해서 해봐!

디테일 더하기

I study alone.   vs   **I am studying alone.**

단순한 현재 시제로 말할 때는 '평소에 ~을 한다'라는 반복된 행동, 습관을 나타냅니다. "I study alone."이라 하면 '나는 공부를 항상 혼자서 한다'는 의미가 되는 거죠. 반면 "I am studying alone." 즉 현재 진행형으로 말하면 무언가를 진행중이라는 뜻을 나타내 '지금 내가 혼자서 공부하고 있다'는 것을 말하게 됩니다.

🎧 04-4

기본 회화로 말해볼까?

Ⓐ Do you have any plans for this summer?
올 여름에 무슨 계획 있어?

Ⓑ Yes, **I'm going to move to Seoul.**
응, 나 서울로 이사 갈 거야.

Ⓐ Really? That's great!
정말? 잘 됐다!

---

plan 계획   move 이사하다

1 상대방의 계획을 물어볼 때는 'Do you have any plans ~?' 표현을 쓸 수 있는데, plan 뒤에 s를 붙여 말합니다.

2 I'm going to 뒤에 동사 원형을 쓰면 미래에 정해진 나의 계획을 말할 수 있어요. move는 '움직이다'라는 뜻을 갖고 있죠? 상황에 따라 '이사하다'라는 의미가 되기도 한답니다.

3 That is 뒤에 great, bad, sad, wonderful 등 상황에 맞는 형용사를 사용하면 상대의 말에 공감을 표현할 수 있어요.

:🎧: 04-5

 표현 더하기

- **What are you going to eat for dinner?**
  저녁으로 뭐 먹을 거야?

- **Where are you going to study tomorrow?**
  내일 어디서 공부할 거야?

- **I'm going to the movies with my girlfriend.**
  나는 여자 친구랑 영화 보러 갈 거야.

응용 대화로 말해볼까?

A **What are you going to eat for dinner?**
저녁으로 뭐 먹을 거야?

B **Pizza!**
피자 먹을 거야!

> **Tip** 짧게 "What's for dinner?"
> 라고 말 할 수 있어요.

- -

A **Where are you going to study tomorrow?**
내일 어디서 공부할 거야?

B **At home. I have a lot to do.**
집에서. 할 일이 엄청 많아.

> **Tip** 같은 의미, 다른 표현으로
> What's the plan for this
> weekend?도 있어요.

- -

A Do you have any plans for this weekend?
이번 주말에 계획 있어?

B **I'm going to the movies with my girlfriend.**
여자 친구랑 영화 보러 갈 거야.

다시 보기로 복습해볼까?

1 다음 대화의 밑줄 친 부분을 영어로 말해 보세요.

A Do you have any plans for tomorrow?

B I'm going to study for the finals.

A 어디서 공부할 거야?

B Starbucks as usual.

*finals 기말고사

2 다음 빈칸을 채워 우리말에 해당하는 영어 표현을 완성해 보세요.

_____ great!

잘 됐다!

디테일 더하기

I will ~. vs **I am going to ~.**

I will은 말을 꺼내는 지금 이 순간 결심하는 즉흥적인 느낌이 강하지만, I am going to는 말하기 이전부터 생각해오고 결심했다는 뉘앙스가 있어요. 명확하게 구분 지어 사용하는 것은 아니니 너무 스트레스 받지 않으셔도 된답니다.

해야 할 일 말하기
I have to rent a car today.

기본 회화로 말해볼까? 　　　　　　　　　🎧 04-7

A I have to rent a car today.
나 오늘 차를 렌트해야 해.

B What's happened to your car?
네 차는 어쩌고?

A It broke down this morning.
오늘 아침에 고장났어.

---

rent 렌트하다　　　happen 발생하다, 일어나다

1. 무언가를 해야한다고 의무를 말할 때 'have to + 동사 원형'의 형태를 쓸 수 있어요.

2. 'What has happened to~?'를 직역하면 '~에 무슨 일이 일어난거야?'가 되지만 우리말의 '~는 어쩌고?'와 비슷한 뉘앙스의 표현이라고 할 수 있어요.

3. 기계나 차가 고장났을 때 break down이라는 표현을 사용해요. 오늘 아침에 차가 고장났으니 break를 과거형으로 써 broke down으로 말했어요.

🎧 04-8

 표현 더하기

- I need to clean my room.
  나는 내 방을 청소해야 해.

- I have to work on Sundays.
  나는 일요일에도 일해야 해.

- You've got to try it.
  너도 꼭 시도해봐.

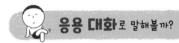

응용 대화로 말해볼까?

(A) **I need to clean my room** before my mom gets back.

나 엄마 오기 전에 방 청소해야 해.

(B) Okay then. Call me when you are done!

알겠어. 그럼. 다 끝나면 전화 줘!

(A) Do you have time on Sunday?

일요일에 시간 돼?

(B) I don't think so. **I usually have to work on Sundays.**

안 될 것 같아. 보통 일요일에도 일해야 되거든.

(A) Is the new Big Mac good?

새로 나온 빅맥 맛있어?

(B) Yeah, it is great. **You've got to try it** someday.

응, 엄청 맛있더라. 너도 언제 꼭 먹어봐.

> **Tip** You've got to는 You have got to의 축약형으로 have to와 같은 의미의 표현입니다. 흔히들 줄여서 gotta라고 말하기도 해요.

---

someday 언젠가, 훗날

 **다시 보기**로 복습해볼까?

| 영어로 '〜이 발생하다'에 해당하는 단어를 써 보세요.

_____

2 다음 우리말에 해당하는 영어 표현을 **have to, need to, have got to**를 이용해 세 번 말해 보세요.

> 나 엄마 오기 전에 방 청소해야 해.

① have to   ☐ ☐ ☐

② need to   ☐ ☐ ☐

③ have got to   ☐ ☐ ☐

디테일 더하기

have to VS **need to** VS **should**

위의 세 가지 표현은 우리말로 모두 '〜해야만 한다'라는 뜻이에요. 하지만 각각 그 강도가 조금씩 다릅니다. should는 이 셋 중 가장 약한 표현으로 의무보다는 제안이나 조언의 느낌이 더 강해요. need to는 have to보다 조금 더 목적 지향적인(…을 하기 위해 〜을 해야 한다) 느낌이 있어요.

일정 말하기 파트를 배운 당신
이 정도는 말할 수 있다!

I 주말에 데이트 약속이 있는 당신, 친구가 주말에 약속 없다며 다같이 모이자고 하네요. 여자친구/남자친구와 영화를 보기로 했다고 대답해 볼까요?

2 친구들이 수업 중이라 혼자 카페에서 시간을 보내고 있어요. 동기가 다가와 웬일로 혼자 있냐고 물어보네요. 친구들은 수업을 듣고 있다고 말해볼까요?

정답 1_I'm going to the movies with my boyfriend/girlfriend.
2_My friends are all in class.

내가 외국어 공부를 열일곱에 시작했다.
그 나이 때 외국어 시작한 놈들이 백 명이다 치면
지금 나만큼 하는 놈은 나 혼자 뿐이다.

나는 어떻게 여기까지 왔느냐?
3일 공부하고 쉬고,
3일 공부하고 쉬고,
이렇게 10번 했다.

다섯 번째 작심삼일

질문하기

Where are you going?
어디 가니?

아무도 내게 물어보지 않았는데, "저는 사과를 먹고 있어요!"라고 말을 한다면 어색하겠죠? 어떤 대화에서든 질문은 빠질 수가 없어요. 다섯 번째 작심삼일에서는 누가, 언제, 어디서, 무엇을, 왜, 어떻게 등을 붙여서 질문하는 법을 간단하게 배워볼 거예요.

DAY 1

누가? / 무엇을?

Who won the bet last night?

DAY 2

언제? / 어디서? / 왜?

When is your birthday?

DAY 3

어떻게? / 얼마나?

How much is it?

누가? / 무엇을?

Who won the bet last night?

기본 회화로 말해볼까?

🎧 05-1

A **Who won the bet last night?**
어젯밤에 내기 누가 이겼어?

B Minji won, and I'm buying her lunch today.
민지가 이겨서 내가 오늘 점심 사.

A Let me join you guys then. I'm starving.
그럼 나도 껴주라. 배고파 죽겠어.

---

won 이기다(win)의 과거형   **bet** 내기   **starve** 굶주리다

1 who는 '누구'를 뜻하는 의문사예요. 본문에서는 평서문의 주어 자리에 의문사를 넣어 질문을 했고, 상황에 따라 다양한 형태의 문장을 만들 수 있어요.

2 앞서 'I am 동사+ing'의 형태는 '지금 ~하고 있는 중이다'라는 뜻이라고 했던 것 기억하시나요? 현재 하고 있는 일이 아닌 가까운 미래를 얘기할 때 사용하기도 합니다.

3 '그렇다면'이라는 뉘앙스를 주기 위해 'then'이라는 단어를 덧붙여 줬어요. 배가 고프다는 걸 표현할 때 "I'm hungry." 보다 "I'm starving." 이라고 말해 배고픔을 강조할 수 있어요.

:🎧: 05-2

 표현 더하기

- What did you have for lunch?
  점심 뭐 먹었어?

- Who's that?
  저 사람 누구야?

- What are you talking about?
  너 그게 무슨 말이니?

응용 대화로 말해볼까?

A **What did you have for lunch?**
점심 뭐 먹었어?

B **I had Chinese. It was amazing.**
중식 먹었어. 엄청 맛있더라.

- -

A **Who's that?**
저 사람 누구야?

B **That's my boyfriend. He is gorgeous.**
내 남자친구야. 정말 멋져.

> **Tip** 동의를 구하기 위해 "정말 멋지지
> 않니?"라는 의미로 "Isn't he gorgeous?"라고
> 사용할 것 같죠? 하지만 대개의 경우, 내 생각이나
> 판단을 이야기 할 때는 평서문을 사용해요.
> 나의 판단을 상대방에게 강요하지 않는다는
> 의미인 거죠.

A **I quit.**
나 일 그만뒀어.

B **What are you talking about?**
너 그게 무슨 말이니?

---

gorgeous 아주 멋진   quit 그만두다

🎧 **다시 보기**로 복습해볼까?

Ⅰ "나 엄청 배고파."에 해당하는 말을 영어로 써 보세요.

_____

_____

2 다음 대화의 밑줄 친 부분을 영어로 말해 보세요.

A Hey, 어젯밤에 내기 누가 이겼어?

B Of course I won.

A I knew it.

포기 금지 ★ 문제를 풀면서
다시 한번 익히는 거야!

디테일 더하기

What are you up to?

"What are you doing?" 보다 어쩌면 더 많이 쓰이는 말이 바로 "What are you up to?"예요. 좀 더 포괄적인 의미인데, "지금 뭐 하는 중이야?"를 넘어서서 "지금까지 뭐 하고 있었냐?"라는 말도 포함할 수 있는 말입니다. 친구가 전화해서 "Hey~ What are you up to?"라고 물어보면 "뭐 하고 있어? 뭐 하고 있었어?"라는 의미입니다.

언제? / 어디서? / 왜?

When is your birthday?

: 🎧 : 05-4

기본 회화로 말해볼까?

A Minji, **when is your birthday?**
민지야, 생일이 언제야?

B It's February 25th. <u>What about you?</u>
2월 25일이야. 너는?

> **Tip** 짧게 You? 또는 Yourself?라고 물을 수 있어요.

A It's September 10th.
내 생일은 9월 10일이야.

---

birthday 생일   February 2월   September 9월

1 'When is + 이벤트?'를 이용해서 이벤트가 언제인지 물어볼 수 있어요. your는 '너의'라는 뜻이죠? 네 생일이 언제인지 물어보고 있네요.

2 날짜를 말할 때는 보통 '월-일-연'의 순으로 말해요. 또 며칠인지를 말할 때 숫자는 서수이기 때문에 twenty five가 아닌 twenty fifth로 말해야 합니다.

○ 05-5

표현 더하기

- **When is your midterm exam?**
  너 중간고사가 언제야?

- **Where did I leave my pen?**
  내가 펜을 어디다 뒀더라?

- **Why is your mom so upset?**
  너희 엄마 왜 그렇게 화나셨니?

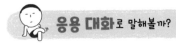

A **When is your midterm exam?**
너 중간고사 언제야?

B It's next week.
다음 주야.

A **Where did I leave my pen?**
내가 펜을 어디다 뒀더라?

B It's in your pencil case.
네 필통에 있잖아.

A **Why is your mom so upset?**
너희 엄마 왜 그렇게 화나셨니?

B She saw my report card.
엄마가 내 성적표를 보셨어.

---

midterm exam 중간고사   upset 속상한   report card 성적표

1 영어로 '어디에'에 해당하는 단어를 써 보세요.

_____

2 다음 주어진 단어를 바르게 배열하여 대화를 완성하세요.

A When is your birthday?

B _____ (20th / It's / March)

한번 써보면
더 잘 기억할 수 있어!

포기 금지

디테일 더하기

when vs **what time**

when이 '언제'를 묻는다면, what time은 '몇 시에'라는 조금 더 구체적인 질문이 됩니다. 말 그대로, "When is your math exam?"은 수학 시험이 '언제'인지를 묻는 질문이 되고, when 자리에 what time이 들어간다면 수학 시험이 '몇 시'인지 물어보는 질문이 됩니다.

DAY 2 · 언제? / 어디서? / 왜?   89

어떻게? / 얼마나?

How much is it?

:🎧: 05-7

기본 회화로 말해볼까?

A Wow, this is lovely! **How much is it?**
와, 이거 정말 예쁘네요! 얼마예요?

B It's 23 dollars 75 cents.
23달러 75센트입니다.

A I'll take it. Here you go.
이거 살게요. (돈을 건네며) 여기 있습니다.

---

lovely 예쁜, 멋진

1. 가격을 물어보고 싶을 때에는 "How much is it?"이라고 이야기합니다. 대상이 명확한 경우 그냥 "How much?"라고 물어볼 수도 있어요.

2. 달러로 가격을 말할 때는 '~ dollars, ~ cents'라고 해요. 1달러일 경우에는 dollar 뒤에 s가 들어가지 않습니다. dollar와 cent를 생략하고 "It's twenty three, seventy five."라고도 자주 말해요.

3. 무언가를 건네 줄 때 많이 사용하는 표현은 바로 "Here you go."입니다. 같은 표현으로 "There you go." 혹은 "Here you are."도 있어요. 서로가 주목하고 있는 상황에서는 생략하기도 하지만 주의를 끌기 위해 종종 사용합니다.

🎧 05-8

표현 더하기

- How many books do you read a month?
  한 달에 책 몇 권 읽어?

- How was your vacation?
  휴가는 어땠어?

- How did you know?
  어떻게 알았어?

: 05-9

응용 대화로 말해볼까?

A How many books do you read a month?
한 달에 책 몇 권 읽어?

B Well, I don't really read.
음… 나 책 별로 안 읽어.

A How was your vacation?
휴가는 어땠어?

B It was fantastic. I want to go back.
환상적이었지. 다시 돌아가고 싶다.

A You didn't go to school today, did you?
너 오늘 학교 안 갔구나?

B How did you know?
어떻게 알았어?

---

fantastic 굉장한, 환상적인

다시 보기로 복습해볼까?

I   "어떻게 알았어?"를 영어로 말해 보세요.

_____

2   대화의 밑줄 친 문장을 영어로 말해 보세요.

A   I'm going to buy a TV this Black Friday!

B   How much is it?

A   <u>100달러야.</u>

앞의 대화를
참고해서 해봐!

포기 금지

디테일 더하기

how much vs **how many**

much는 수로 셀 수 없는 돈이나 감정, 액체 등에 대해 말할 때 사용됩니다. 반면, many는 개수를 셀 수 있는 사물이나 단위 등을 말할 때 쓰는 단어이니 혼동하지 않도록 주의해 주세요.

much money (○) / many money (✗)

much books (✗) / many books (○)

질문하기 파트를 배운 당신
이 정도는 말할 수 있다!

1 저 멀리 친구가 낯선 이성과 함께 있는 모습을 발견했어요. 옆 친구에게 저 사람이 누구인지 물어볼까요?

2 누구에게도 말하지 않았던 나만의 비밀, 그런데 친구가 알고 있네요. 대체 어떻게 알게 됐는지 물어볼까요?

정답 **1_**Who's that? **2_**How did you know?

너와 함께 공부한 **3**일이
모두 눈부셨다.

공부가 잘되서
공부가 잘 안 돼서
공부가 적당해서
모든 날이 좋았다.

누구냐... 넌?

여섯 번째 작심삼일

대중교통
이용하기

대중교통을 이용할 때는?

해외여행을 가면 이동을 위해 대중교통을 이용하는 경우가 많습니다. 여섯 번째 작심삼일에서는 버스, 택시, 지하철 등 대중교통을 이용할 때 운전기사나 역무원에게 물어보는 표현, 혹은 시민들에게 길을 묻고 싶을 때 쓸 수 있는 표현을 몇 개 알려 드릴게요. 『반지의 제왕』의 J.R.R. 톨킨은 이런 말을 했어요. "Not all those who wander are lost. (방랑자라고 다 길을 잃은 것은 아니다.)"

DAY 1

버스 이용하기

Do you go to the Plaza Hotel?

DAY 2

택시 이용하기

To the City Hall, please.

DAY 3

지하철 이용하기

Which exit takes you to the museum?

DAY 1

버스 이용하기
Does this bus go to the Plaza Hotel?

🎧 06-1

기본 회화로 말해볼까?

A Excuse me, **does this bus go to the Plaza Hotel?**

안녕하세요, 이 버스 플라자 호텔 가나요?

B Yes, it does.

네, 갑니다.

A Thank you.

감사합니다.

---

this 이, 이것 to …로, …쪽으로

1. '이 버스가 ~에 가나요?'라고 물어보려면 'Does this bus go to' 뒤에 장소를 말하면 돼요.

2. 'Does this bus(= it) ~?'로 물어봤기 때문에 'It does'라고 답합니다. 영어는 같은 말을 반복하는 것을 피하기 때문에 대명사를 자주 써요.

3. 필요한 정보를 얻었다면 언제나 "Thank you."로 감사를 표하는 걸 잊지 마세요!

06-2

 표현 더하기

- Does this bus stop at + **장소**?
  이 버스가 ~에 서나요?

- Where is the bus stop for bus No. 64?
  64번 버스 타는 정류장이 어디인가요?

- What's the next stop?
  다음 정류장이 어디예요?

A **Does this bus stop at** your school?
이 버스가 너희 학교 앞에 서니?

B Yes, it does.
응, 맞아.

A **Where is the bus stop for bus No. 64?**
64번 버스 타는 정류장이 어디인가요?

B Go straight and turn right at the corner.
직진하다가 코너에서 우회전하세요.

A What's the next stop?
다음 정류장이 어디예요?

B It's City Hall.
시청이에요.

---

stop at ~에 서다　　bus stop 버스 정류장　　straight 똑바로, 곧장

다시 보기로 복습해볼까?

I 다음 대화의 밑줄 친 부분을 영어로 말해 보세요.

A Excuse me. <u>이 버스 시청 가나요?</u>

B Yes, it does.

2 다음 빈칸에 '~에 서다'에 해당하는 단어를 넣어 문장을 완성하세요.

Does this bus _____ at your school?

★ 문제를 풀면서
다시 한번 익히는 거야!

디테일 더하기

This train is bound for Shindorim.

서울 지하철 2호선을 기다리다 보면 안내방송에서 들리는 말입니다. 여기서 bound라는 말이 생소하죠? 마치 농구공이 통통 튀는 바운드의 bound 같겠지만 사실 'bound for'는 '~행의'라는 뜻의 형용사랍니다. 즉, "This train is bound for Shindorim."이라고 하면 "이 열차는 신도림행 열차입니다."라는 말입니다.

To the City Hall, please.

 🎧 06-4

기본 회화로 말해볼까?

A Good morning, sir. Where to?

좋은 아침입니다. 어디로 모실까요?

B To the City Hall, please.

시청으로 가주세요.

A Yes, sir.

알겠습니다.

---

where 어디로   please 부탁합니다

꼭 필요한 **포인트**만 콕 집어줄게

1. "Where to?"는 어디로 가는지 간단하게 물을 때 "Where are you going?" 대신에 자주 쓰이는 표현이에요.

2. 'To + 목적지'도 '~로 가주세요'라고 할 때 자주 쓰이는 표현입니다. please 없이는 다소 무례하게 들릴 수 있으니 함께 붙여주세요.

3. "Yes, sir."는 남성 손님에게, "Yes, ma'am."은 여성 손님에게 사용합니다.

🎧: 06-5

표현 더하기

● Could you take me to this address?
이 주소로 가주시겠어요?

● Could you drive a little faster?
조금 빨리 가주시겠어요?

● Let me off here, please.
여기서 내려 주세요.

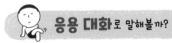

응용 대화로 말해볼까?

A **Could you take me to this address?**
이 주소로 가주시겠어요?

B **Okay.**
알겠습니다.

- -

A **Could you drive a little faster?**
조금 빨리 가주시겠어요?

B **You must be in a hurry. Alright.**
급하신가 보네요. 알겠습니다.

- -

A **Let me off here, please.**
여기서 내려 주세요.

B **Right here? Okay.**
여기요? 알겠습니다.

---

address 주소   a little 약간, 조금   in a hurry 급한

🔆 정답 184쪽

다시 보기로 복습해볼까?

I 다음 중 "디즈니랜드로 가주시겠어요?"에 해당하는 영어 표현으로 어색한 것을 골라 보세요.

① Could you take me to the Disney Land?

② To the Disney Land, please.

③ Where is the Disney Land?

한번 써보면 더 잘 기억할 수 있어!

포기 금지

2 "여기서 내려 주세요."를 영어로 써 보세요.

디테일 더하기

여기서 내려 주세요. 의 다양한 표현

Pull over here, please. 여기에 대주세요.
You can let me off here. 여기서 내려 주시면 됩니다.
Right here. 여기예요.

여섯 번째 장소에서

지하철 이용하기
Which exit takes you to the museum?

🎧 06-7

기본 회화로 말해볼까?

A Excuse me. **Which exit takes you to the museum?**

실례합니다. 어느 출구가 박물관 쪽인가요?

B Take the exit marked York St.

York St.이라고 써있는 출구로 나가세요.

A Thank you so much!

정말 감사합니다!

---

museum 박물관   exit 출구   marked 표시된   St. street(거리, 도로)의 약어

1 '어느 출구'라는 말은 'Which exit'으로 표현했어요. 이 문장을 직역하자면 '어느 출구가 당신을 박물관 쪽으로 데려가나요?'인데요. 내가 가는 거지만 상대방에게 물어볼 때, take me라고 하지 않고 take you라고 했어요. 영어 표현에서 종종 볼 수 있어요.

2 우리나라에서는 지하철을 이용할 때 '몇 번 출구'라는 말을 많이 사용하죠? 미국에서는 워낙 도로명 표기가 발달돼있어서 지하철 출구로 '어느 길 쪽 출구' 이런 식으로 표시하고 이야기합니다.

3 동사의 정도가 강할 때, 혹은 인사말을 강조하기 위해 so much라는 말을 많이 덧붙여요. I love you so much!

표현 더하기

🎧 06-8

● **Which exit leads to ~?**
~로 가는 출구가 어디인가요?

● **Does this subway go to ~?**
이 지하철이 ~행 열차인가요?

● **I am lost.**
길을 잃었어요.

A **Which exit leads to** Madison Avenue?

매디슨 가로 가는 출구가 어떤 건가요?

B The north one. The south leads to Fifth Avenue.

북쪽 출구요. 남쪽 출구는 5번가로 가요.

- -

A **Does this subway go to** Daehwa?

이 지하철이 대화행 열차가 맞나요?

B Yes, it does.

네, 맞아요.

> **Tip** "Is this subway bound for Daehwa?"라고 해도 같은 뜻이지만, 조금 딱딱한 표현이라 일상 대화에서는 "Does this subway go to Daehwa?"라고 많이 사용해요.

- -

A Do you need help?

도움이 필요하신가요?

B Yes, thank you. **I'm lost.**

네, 감사해요. 길을 잃었어요.

---

lead 연결되다, 이끌다　　**avenue** 거리, 가 (약어: Ave.)

다시 보기로 복습해볼까?

I 다음 중 "어느 출구가 박물관 쪽인가요?"에 해당하는 영어 표현을 골라 보세요.

① How do you get to the bus stop?

② Which exit takes you to the museum?

③ Where is the museum?

2 "길을 잃었어요."를 영어로 써 보세요.

디테일 더하기

우리나라도 요즘에는 도로명 표기를 많이 쓰지만 미국만큼 일반적이고 세분화되어 있진 않아요. 미국 길의 종류를 잠깐 살펴볼까요?

road(Rd.): 큰 차도, 큰 길이란 뜻이고 두 지점을 연결하는 일반적인 도로의 의미로 사용해요.

street(St.): 포장된 도로로, 양쪽에 상업용 건물이 늘어선 길을 의미해서 보통 도심에 많고 동서로 뻗은 경우가 많아요.

avenue(Ave.): 사전적으로 가로수길을 의미하고 남북 방향으로 뻗은 경우가 많아요.

대중교통 이용하기 파트를 배운 당신
이 정도는 말할 수 있다!

1 해외여행을 떠난 당신, 버스를 타려는데 너무 헷갈려요. 버스 기사님에게 이 버스가 Union 역에 가는지 물어볼까요?

2 슬슬 한국 음식이 그리워지는 당신, 택시를 타고 코리아타운으로 가려고 해요. 택시 기사님에게 코리아타운으로 가달라고 말해 볼까요?

정답 1_Does this bus go to Union Station? 2_To the Koreatown, please.

일곱 번째 작심삼일

외식하기

식당을 이용할 때는?

"언제 영어를 가장 많이 사용하세요?"라고 사람들에게 물어보면 직업상의 이유로 영어를 쓰지 않는 이상 대부분 여행 가서 쓴다고 이야기해요. 그리고 여행 중에는 특히 식당에서 영어를 사용할 일이 많죠. 일곱 번째 작심삼일에서는 식당을 예약해서 자리를 잡고, 주문을 하고, 또 계산하기까지의 과정을 간단하게 담아봤어요.

DAY 1
예약하기 / 자리잡기
A table for two, please.

DAY 2
주문하기
I'm ready to order.

DAY 3
요청하기
Can I have the bill?

DAY 1 예약하기 / 자리잡기
A table for two, please.

🎧 07-1

기본 회화로 말해볼까?

A Welcome to Saint-Louise. Did you make a reservation?

세인트 루이스에 오신 것을 환영합니다. 예약하셨나요?

B No, but we would like a table for two, please.

아니요, 하지만 두 명이 앉을 테이블을 원해요.

A Okay. Please wait a moment.

알겠습니다. 잠시만 기다려주세요.

---

reservation 예약   wait 기다리다   moment 잠깐, 잠시

1. '예약을 하다'라는 표현은 make a reservation입니다. 예약을 했냐는 말도 많이 듣게 되는 질문이죠? "Did you make a reservation?"이라고 합니다.

2. would like는 want보다 좀 더 공손한 표현입니다. 앞 표현을 제외하고 "A table for two."라고 간단히 말해도 괜찮아요.

3. wait a moment는 '기다려 달라'는 뜻입니다. a moment 대신에 a minute, a second를 쓸 수도 있어요. an hour도 쓸 수 있냐고요? 아니요, 쓰지 않습니다.

표현 더하기

:🎧: 07-2

- Can I make a reservation?
  예약을 할 수 있을까요?

- Can we have a table by the window?
  창가 쪽 자리에 앉을 수 있을까요?

- I have a reservation under the name of Elsa Kim.
  Elsa Kim이라는 이름으로 예약이 되어있어요.

응용 **대화**로 말해볼까?

A **Can I make a reservation? I want a table for two.**
예약할 수 있나요? 두 명이 앉을 테이블을 예약하고 싶어요.

B **Okay. Please tell me your name and phone number.**
네, 성함과 전화번호를 알려주세요.

A **Can we have a table by the window?**
창가 쪽 자리에 앉을 수 있을까요?

B **Yes, for sure.**
네, 당연하죠.

A **I have a reservation under the name of Elsa Kim.**
Elsa Kim이라는 이름으로 예약이 되어있어요.

B **Oh, yes. Follow me this way.**
아, 네. 이쪽으로 오시죠.

---

reservation 예약   window 창문   follow 따라가다

다시 보기로 복습해볼까?

I 다음 대화의 밑줄 친 부분을 영어로 말해 보세요.

A Can I make a reservation?

B Sure.

★ 앞의 대화를
참고해서 해봐!

포기 금지

A 창가 쪽에 세 명 앉을 자리가 있을까요?

B Let me check. Please wait a second.

2 영어로 '예약'에 해당하는 단어를 써 보세요.

_____

디테일 더하기

book vs **make a reservation**

book과 make a reservation은 사전적으로 동일한 의미로 쓰입니다. 하지만 두 표현이 각각 쓰이는 곳은 약간 다릅니다. 예를 들어 레스토랑을 예약할 때는 'make a reservation'을 쓰고, 항공편을 예약할 때는 'book a flight'라는 표현을, 그리고 세미나실을 예약할 때엔 'book a conference room'을 씁니다.

I'm ready to order.

기본 회화로 말해볼까?

🎧 07-4

A I'm ready to order.
주문할게요.

B Okay. What would you like to have, sir?
네. 무엇을 드시겠어요?

A One tomato pasta with a glass of red wine, please.
토마토 파스타와 레드 와인 한 잔 주세요.

order 주문하다

① 'I am ready to + 동사원형'은 '~할 준비가 되다'라는 뜻입니다. 대화 내용을 직역하자면 "주문할 준비가 됐어요."지만 우리말의 "주문할게요."의 뉘앙스를 가진 표현이에요.

② 'What would you like to ~?'는 '무엇을 ~하시겠어요?'라는 뜻으로, 'What do you want to ~?'보다 훨씬 정중한 표현이에요. 주로 서비스직의 사람들이 고객을 대할 때 많이 사용합니다.

③ 주문 시에는 'I'd like to have + 음식 이름' 형태로 말해도 되지만, 그냥 음식 이름을 나열한 후 please 를 붙여 간단히 말할 수도 있어요.

:🎧: 07-5

- Can I have a menu, please?
  메뉴판 좀 주세요.

- Water would be great.
  물 주세요.

- I'll have the grilled salmon with a caesar salad.
  구운 연어와 시저 샐러드를 주세요.

:🎧: 07-6

A **Can I have a menu, please?**
메뉴판 좀 주세요.

B **Sure. Here you are.**
물론이죠. 여기 있습니다.

- -

A **What would you like to drink?**
음료는 어떤 것으로 드릴까요?

B **Water would be great.**
물 주세요.

- -

A **I'll have the grilled salmon with a caesar salad.**
구운 연어와 시저 샐러드로 주세요.

B **Great. Anything else?**
좋아요. 다른 건 필요 없으세요?

---

grilled 구운   salmon 연어   change 바꾸다

다시 보기로 복습해볼까?

1 빈칸에 알맞은 문장을 보기에서 골라 큰 소리로 말해 보세요.

A _____

B Yes. One tomato pasta, and a cup of coffee, please.

① Can I have a menu, please?

② Here you are.

③ Are you ready to order?

안 외워진다면
또 보면 되는 거야!

포기 금지

2 영어로 '주문하다'에 해당하는 단어를 써 보세요.

디테일 더하기

"맛있게 드세요."는 영어로 뭘까요? Eat deliciously? 땡!

한국 사람들은 한국식으로 사고하는 게 당연하지요. 영어 표현이 바로 바로 생각나지 않고 위와 같은 실수를 할 수 있어요. 그렇다면 "맛있게 드세요."는 영어로 뭘까요? 바로 "Enjoy your meal."입니다. 짧게 "Enjoy."라고도 해요. 한 단어이니 쉽게 기억할 수 있죠?

DAY **3** 요청하기
I didn't order this.

 기본 회화로 말해볼까?

:🎧: 07-7

Ⓐ **Excuse me. I didn't order this.**
저기요. 저는 이 음식을 시키지 않았는데요.

Ⓑ **I'm so sorry. Let me fix this for you.**
정말 죄송합니다. 다시 가져다 드리겠습니다.

---

fix 바로잡다. (음식을) 준비하다

① "Excuse me."라고 하면 우리말로 "실례합니다."라는 말이 반사적으로 떠오르지 않나요? 정말 많이 쓰는 말이 "Excuse me."이지만 "실례합니다."와 같이 격식을 차린, 정중한 느낌보다는 "저기요." "잠시만요."와 같이 일상적으로 사용하는 표현입니다.

② 미안함을 더 강조해서 "정말 죄송합니다."라고 말하고 싶을 때는 so를 사용해서 "I'm so sorry."라고 해요.

③ 보통 fix는 '수리하다, 고치다'라는 의미의 단어로 우리가 많이 알고 있어요. 물론 오늘 대화에서는 그런 뉘앙스로 사용되기도 했지만, 특히 미국에서는 '음식을 준비하다, 마련하다'라는 의미로 fix를 사용하기도 해요.

:🎧: 07-8

 표현 더하기

- I'm sorry, but this is cold.
  죄송하지만 음식이 차가워요.

- Can I have another coke, please?
  콜라 하나 더 주시겠어요?

- Can I have the bill, please?
  계산서 좀 주시겠어요?

A How can I help you?
어떻게 도와드릴까요?

B I'm sorry, but this is cold.
죄송하지만 음식이 차가워요.

A Can I have another coke, please?
콜라 하나 더 주시겠어요?

B For sure. Do you need anything else?
그럼요. 더 필요한 건 없으세요?

A Can I have the bill, please?
계산서 좀 주시겠어요?

B Alright. I will be right back.
물론이죠. 금방 돌아오겠습니다.

> **Tip** alright과 함께 매우 많이 쓰는 단어가 "Absolutely."입니다. 발음하기가 까다로워 우리는 자주 사용하지 않지만, 원어민들은 일상 생활에서 많이 쓰는 단어이니 기억해 두면 좋겠어요.

---

order 주문하다   bring 가져오다

 **다시 보기**로 복습해볼까?

I 다음 대화의 밑줄 친 부분을 영어로 말해 보세요.

A 저기요. <u>저는 이 음식을 시키지 않았는데요.</u>

B I'm so sorry. Let me fix this for you.

2 "죄송하지만 음식이 차가워요."를 영어로 써 보세요.

헷갈린다면
앞의 내용을 확인해도 괜찮아.

포기 금지

디테일 더하기

bill vs **check**

두 단어 모두 계산서를 뜻하지만 bill은 영국에서, check은 미국에서
더 많이 사용해요.

외식하기 파트를 배운 당신
이 정도는 말할 수 있다!

1 기념일을 맞아 연인과 좋은 식당을 예약한 당신, 멋지게 "~ 이름으로 예약했어요."라고 말해 볼까요?

2 분위기를 잡고 식사를 하려는데 이제 막 나온 음식이 너무 차갑네요. 매너를 지키며 컴플레인을 해볼까요?

정답 1_I have a reservation under the name of 이름.
2_I'm sorry, but this is cold.

쇼핑하기

🚩 쇼핑을 할 때는?

면세점이나 해외 쇼핑몰에 가면 기본적으로 How much? This, That 등의 짧은 단어를 연결하거나, 아니면 손짓 발짓을 동원하여 해결을 하곤 하는데요. 여덟 번째 작심삼일에서는 어떤 종류의 물건을 찾고 있는지를 설명하고, 계산, 교환, 환불하는 방법에 대해 간단히 알아보려고 해요.

DAY 1

물건 고르기
I'm looking for a shirt.

DAY 2

계산하기
Can I have a receipt?

DAY 3

환불/교환하기
Can I get a refund?

I'm looking for a shirt.

🎧 08-1

기본 회화 로 말해볼까?

A Do you need any help?

도움이 필요하세요?

B Yes, **I am looking for a shirt.** It's for my nephew.

네, 조카에게 줄 티셔츠를 찾고 있는 중이에요.

A Wonderful. Let me show you some.

멋지네요. 셔츠를 좀 보여드릴게요.

---

nephew 남자 조카   look for 찾다

꼭 필요한 **포인트**만 콕 집어줄게

1. "Do you need any help?"는 도움이 필요하냐고 물을 때 사용합니다. 점원이 있는 매장에 가면 흔하게 들을 수 있는 표현입니다.

2. 무언가 하고 있는 것을 표현할 때는 현재진행형을 사용하는데 그 형태는 '주어 + be동사 + 동사ing'이고, '~하는 중이다'는 의미입니다. 'I am looking for~'는 '난 ~을 찾고 있는 중이다'라는 뜻이죠.

3. 'Let me + 동사원형'은 '~ 하겠습니다, ~ 해드리겠습니다'라고 말할 때 자주 쓰는 표현이에요.

○: 08-2

표현 더하기

- Can I help you?
  도와드릴까요?

- Do you have this in small/medium/large?
  이거 스몰/미디엄/라지 사이즈 있나요?

- No, thank you. I'm just looking.
  괜찮아요. 그냥 둘러보는 거예요.

응용 대화로 말해볼까?

Ⓐ **Can I help you?**
도와드릴까요?

Ⓑ I am looking for a coat for my husband.
남편에게 줄 코트를 찾고 있어요.

Ⓐ Are you looking for anything particular?
특별히 찾으시는 게 있으세요?

Ⓑ Oh yes, **do you have this in medium?**
아 네, 혹시 이거 미디엄 사이즈 있나요?

Ⓐ Do you need any help?
도와드릴까요?

Ⓑ **No, thank you. I'm just looking.**
괜찮아요. 그냥 둘러보는 거예요.

husband 남편   particular 특별한

다시 보기로 복습해볼까?

1 다음 대화의 밑줄 친 부분을 영어로 말해 보세요.

A <u>도와드릴까요?</u>

B Yes. Do you have this in red?

A I'm sorry, we have this only in green.

2 영어로 '남자 조카'에 해당하는 단어를 써 보세요.

포기 금지 · 안 외워진다면 또 보면 되는 거야!

디테일 더하기

'찾다'는 영어로 find 아닌가요?

네, 맞습니다. 하지만 find는 찾는 순간, 결과에 초점을 맞춘 의미라면 look for는 찾는 행동, 과정 중심적인 의미입니다. 즉, look for는 '찾아 다니다'를 뜻합니다.
Did you find your wallet? 지갑 찾았니?
No, I am still looking for it. 아니, 나 여전히 찾는 중이야.

DAY 2 계산하기
Can I have a receipt?

기본 회화로 말해볼까?

🎧 08-4

A It's 40 dollars.
40달러입니다.

B Here you are. **Can I have a receipt?**
여기 있습니다. 영수증을 받을 수 있을까요?

A Certainly.
물론이죠.

> **Tip** "Certainly." 외에
> "Sure." "No problem."
> 이라고 해도 같은 의미예요.

---

dollar 달러   **receipt** 영수증

꼭 필요한 **포인트**만 콕 집어줄게

① 가격을 말할 때는 'It's + 금액 + dollars' 혹은 dollars를 생략하고 말합니다.

② 상대방의 주목을 끌고 무언가를 건네면서 '여기 있습니다. 여기요'라고 말할 때는 "Here you are." "Here you go."라고 합니다. 그리고 무언가 달라고 부탁하고 싶을 때는 'Give me ～'라고 하지 않고 'Can I have ～?'라고 정중하게 표현해요.

③ '물론이죠'라는 말을 하고 싶을 때는 "Certainly." "Of course."라고 말해 보세요.

표현 더하기

🎧 08-5

- Can I pay with a credit card?
  신용카드로 계산 가능한가요?

- Do you take Amex?
  아멕스로 계산할 수 있나요?

- In a three-month installment.
  3개월 할부로 계산해주세요.

A **Can I pay with a credit card?**
신용카드로 계산해도 될까요?

B **Of course you can.**
당연히 되시죠.

A **Do you take Amex?**
아멕스로 계산할 수 있나요?

B **Yes, we do.**
네, 가능합니다.

> **Tip** '아메리칸 익스프레스' 카드를 아멕스라고 많이 줄여 말하죠? 영어로도 줄여서 많이 사용하고, '에이멕스'라고 발음해요.

A Would you like to pay in full or in installments?
일시불로 하시겠어요 아니면 할부로 하시겠어요?

B In full, please. / **In a three-month installment.**
일시불이요. / 3개월 할부요.

A OK, ma'am.
네, 알겠습니다.

---

installment 할부

다시 보기로 복습해볼까?

| **다음 빈칸에 알맞은 말을 넣어 대화를 완성해 보세요.**

A It's 350 dollars in total.

B Can I pay _____?

(6개월 할부 되나요?)

A Sure, you can.

2 "여기 있습니다." "여기요."를 영어로 말해 보세요.

_____

헷갈린다면
앞의 내용을 확인해도 괜찮아.

포기 금지

디테일 더하기

Credit card VS **Debit card**

Credit card(신용카드)는 다들 알고 계실 겁니다. 하지만 Debit card
는 무엇일까요? 바로 우리가 흔히 말하는 '체크카드' 혹은 '직불카드'입
니다. 통장의 잔고 내에서 현금이 바로 나가는 카드인데, 영미권에서는
Check card가 아닌 Debit card라고 불러요.

DAY 3 환불/교환하기
Can I get a refund?

08-7

기본 회화로 말해볼까?

A I bought a microwave yesterday. It isn't working.

어제 산 전자레인지가 작동을 안해요.

B We are sorry. What would you like to do?

정말 죄송합니다. 어떻게 해드리면 될까요?

A Can I get a refund?

환불 받을 수 있을까요?

---

microwave 전자레인지   refund 환불

I 이런 상황이 발생하면 먼저 한국말이 떠오르고, 이를 영어로 어떻게 바꿀지 고민합니다. '내가 어제 산 전자레인지' 'The microwave I bought' 그리고, 동사⋯ 문장이 길고 어려워지죠? 하지만 짧고 쉽게 표현하는 게 일상 대화에서는 더 자연스러워요. 끊어서 두 문장으로 말하면 돼요.

2 "What would you like to do? (무엇을 하시고 싶으세요?)" 즉, "어떻게 하시고 싶으세요? / 우리가 어떻게 해드릴까요?"라는 의미예요.

3 'Can I ~?' 역시 많이 쓰이는 말로 '~해도 되냐?'고 묻고 싶을 때, 혹은 '내가 ~할게'를 좀 더 완곡하게 표현할 때 사용합니다.

표현 더하기

🎧 08-8

- I'd like to exchange it for another size.
  다른 사이즈로 교환하고 싶어요.

- I'd like to return this laptop.
  이 노트북을 반품하고 싶어요.

- Can I get a full refund?
  전액 환불이 가능할까요?

응용 **대화**로 말해볼까?

A **I'd like to exchange it for another size.**
이걸 다른 사이즈로 교환하고 싶어요.

B **Okay. Do you have a receipt?**
알겠습니다. 영수증 갖고 계신가요?

A **I'd like to return this laptop.**
이 노트북을 반품하고 싶은데요.

B **Is there something wrong with it?**
제품에 문제가 있나요?

A **Can I get a full refund?**
전액 환불이 가능할까요?

B **Certainly.**
물론입니다.

---

laptop 노트북 컴퓨터

다시 보기로 복습해볼까?

I 다음 중 "이 전자레인지를 환불 받을 수 있을까요?"에 해당하는 영어 표현을 골라 보세요.

① Can I get a receipt of this microwave?

② Can I get a refund for this microwave?

③ Can I get a bill of this microwave?

2 영어로 '영수증'에 해당하는 단어를 써 보세요.

디테일 더하기

미국 전자제품 매장의 환불 정책

다음은 미국의 한 전자제품 매장의 환불 정책입니다.

For any undamaged product, **simply return it** with its included accessories and packaging along **with the original receipt within 14 days** of the date you receive the product, and **we'll exchange it or offer a refund** based upon the original payment method.

구매 후 14일 이내에만 가져가면, 손상되지 않은 상품에 한해 교환과 전액 환불이 가능하다고 합니다. 이 정책이 미국에서는 꽤 일반적이랍니다.

쇼핑하기 파트를 배운 당신
이 정도는 말할 수 있다!

1 큰맘 먹고 친구의 생일 선물로 코트를 선물하기로 했어요. 마침 종업원이 다가와 찾고 있는 게 있는지 물어보네요. 어떻게 대답할 수 있을까요?

2 어제 산 자켓이 왠지 돈 낭비였던 것 같아 환불하러 왔어요. 마음 바뀌기 전에 얼른 환불해 달라고 말해볼까요?

정답 1_I'm looking for a coat for my friend.
2_I'd like to return this jacket.

아홉 번째 작심삼일

여가 시간 보내기

여가 시간을 보낼 때는?

여가 시간이 점점 늘어나면서 많은 사람들이 다양한 문화 생활을 즐기는 모습을 볼 수 있어요. 아홉 번째 작심삼일 에는 영화를 보거나 서점에 갈 때, 혹은 공연을 보러 갈 때 쓸 수 있는 말을 준비했어요. 친구들 혹은 연인과 함께 쓸 수 있는 말이니 잘 기억했다가 사용해 보시면 좋을 것 같 아요!

DAY 1

영화 보기

Do you want to see a movie?

DAY 2

운동하기

I'm going to the gym.

DAY 3

뮤지컬 보기

Have you ever seen a musical before?

DAY 1

영화 보기

Do you want to see a movie?

기본 회화로 말해볼까?

🎧 09-1

A It's Sunday afternoon, and I have nothing to do.
일요일 오후인데 할 게 없네.

B Do you want to go see a movie?
나랑 영화보러 갈래?

A That is a wonderful idea!
그거 멋진 생각인데?

> **Tip** 짧게 "Yeah, sounds great!"이라고 할 수도 있어요.

---

wonderful 멋진

1. 요일을 표현할 때 'It's + Sunday, Monday…'처럼 앞에 It's를 붙여요. 마찬가지로 "일요일 오후다."라고 할 때도 "It's Sunday afternoon." 이라고 합니다. "I have nothing to do."는 '할 게 없다', 즉 '심심하다, 지루하다'는 의미로 사용되었어요.

2. 'Do you want to ~ with me?'는 꼭 외워주세요. '같이 ~ 할래?'라고 말하고 싶을 때 씁니다. 'go see'는 go and see를 줄인 걸로, go to see라고 말하지 않아요.

3. 친구가 좋은 아이디어를 제안했다고 생각하면 이렇게 말해 보세요. "That is a wonderful idea!"

 표현 더하기

◠: 09-2

- I'm seeing a movie with Mike.

  나는 Mike랑 영화 보러 갈 거야.

- I'd like two tickets for *Spider Man*.

  스파이더 맨 티켓 두 장 주세요.

- Do you want some popcorn?

  너 팝콘 먹고 싶어?

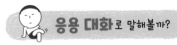

응용 대화로 말해볼까?

A Do you want to go to the library to study?

도서관에 공부하러 갈래?

B Sorry, <u>I'm seeing a movie with Mike.</u>

미안. 나는 마이크랑 영화 보러 가.

> **Tip** I'm seeing a movie는 현재진행이지만 '~할 것이다'라는 가까운 미래를 나타내기도 해요.

A I'd like two tickets for *Spider Man*.

스파이더 맨 티켓 두 장 주세요.

B Sure. For what time?

네. 몇 시 영화로 드릴까요?

A Do you want some popcorn?

너 팝콘 먹고 싶어?

B Sure. I'm starving.

좋아. 나 진짜 배고파.

---

library 도서관   starve 굶주리다

다시 보기로 복습해볼까?

1 다음 대화의 밑줄 친 부분을 영어로 말해 보세요.

A 나랑 같이 영화 보러 갈래?

B Sorry, I'm going to the library to study.

2 다음 빈칸에 알맞은 단어를 넣어 보세요.

That's a _____ idea!
그거 좋은 생각이다!

디테일 더하기

wanna vs **gonna** vs **gotta**

워너, 거너, 가라~ 팝송 가사나, 헐리우드 영화 등을 통해 들어 보셨죠?
각각 무슨 뜻일까요?
wanna = want to (~을 하고 싶다)
gonna = going to (~할 것이다)
gotta = got to (~을 해야 한다)

DAY **2** 운동하기
I'm going to the gym.

:🎧: 09-4

기본 회화로 말해볼까?

A What are you doing after work?

너 일 끝나고 뭐해?

B **I'm going to the gym.**

헬스장에 가.

A Wow, I didn't know you're working out.

와, 너 운동하는지 전혀 몰랐어.

---

after ~ 다음에   **gym** 체육관   **work out** 운동하다

1 가까운 미래를 말할 때 현재진행형을 사용하기도 해요. 앞서 설명했듯이 after 뒤에 명사를 쓰면 그 명사를 '끝낸 후'라는 의미가 됩니다.

2 'go to the gym'이라 하면 '체육관에 가다, 헬스장에 가다' 즉, '운동하러 간다'는 의미예요. 마찬가지로 가까운 미래를 표현하기 위해 현재진행형으로 말했어요.

3 'I didn't know'와 'you're working out' 사이에는 that이 생략되어 있어요. 이 that은 두 문장을 이어 '네가 운동하러 다니는지, 운동하는지 몰랐다'라는 의미를 만들어요.

:🎧: 09-5

 표현 더하기

- Let's go for a walk.
  우리 산책 가자.

- Why don't we do Pilates?
  우리 필라테스 하는 거 어때?

- How about going for dinner after the gym?
  운동 끝나고 저녁 먹는 거 어때?

응용 대화로 말해볼까?

A **Let's go for a walk. What do you think?**
우리 산책 가자. 어때?

B **That's a good idea.**
좋은 생각이야.

- -

A **Why don't we do Pilates?**
우리 필라테스 하는 거 어때?

B **I don't have money for that.**
나 돈이 없어.

- -

A **How about going for dinner after the gym?**
운동 끝나고 저녁 먹는 거 어때?

B **It's up to you.**
너 좋을 대로 해.

> **Tip** 'up to 사람'은 '~에게 달려있다'
> 라는 뜻이에요. "It depends on you."
> "Whatever you want."도 같은
> 상황에서 쓸 수 있어요.

---

go for a walk 산책 가다   Pilates 필라테스

다시 보기로 복습해볼까?

| 다음 대화의 밑줄 친 부분을 영어로 말해 보세요.

A 우리 산책 가자.

B Sorry, but I'd like to take a rest.

2 다음 중 "좋을 대로 하세요."에 해당하는 영어 표현을 골라 보세요.

① It's up to you.

② That's a good idea.

③ That would be nice!

문제를 풀면서
다시 한번 익히는 거야!

포기 금지

디테일 더하기

제안을 거절할 때는 단호하게 "No!"라고 하지 마세요.

누군가 좋은 의도로 제안을 했는데 단호하게 No라고 말하는 것보다, 정중하게 거절을 하거나 다른 의견을 제안할 필요가 있습니다. 다음과 같은 표현을 써보세요. That's a good idea, but I'd prefer ~ (좋은 생각이에요, 하지만 저는 ~가 더 좋을 것 같아요.)

DAY 3 뮤지컬 보기

Have you ever seen a musical before?

:🎧: 09-7

 기본 회화로 말해볼까?

A Have you ever seen a musical before?
뮤지컬 본 적 있니?

B No, I haven't. Why?
아니, 없어. 왜?

A I got two free tickets for the musical *Cats*.
Do you want to come with me?
뮤지컬 캣츠 티켓이 두 장 생겼거든. 같이 갈래?

free 공짜의

1. 'Have you ever + 과거 분사 ~?' 경험을 물을 때 사용되는 말이에요. 과거형이 '언제', '어느 시점에' 행동을 했느냐에 초점을 맞추는 반면, 'have + 과거분사'는 경험의 유무를 묻습니다.
   예) Have you ever seen a dinosaur? 공룡을 본 적 있니?

2. 'I got ~'은 '~를 샀다, 얻었다, 구했다'라고 말할 때 자주 사용됩니다.

3. 'Do you want to ~ with me?'는 '나랑 같이 ~할래?'라는 뜻으로 누구와 같이 무엇을 하고 싶을 때 제안하듯 사용합니다.

: 🎧: 09-8

표현 더하기

- Have you (ever) been to the B.W. Theater?
  B.W. 극장에 가본 적 있니?

- I booked it online.
  온라인으로 예매했어요.

- Who's playing Romeo?
  로미오 역할 누구야?

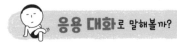 **응용 대화**로 말해볼까?

A Have you been to the B.W. Theater?

B.W. 극장에 가본 적 있니?

B Yes, I have. I was there when it first opened.

응. 처음 오픈했을 때 가봤어.

A I booked it online.

온라인으로 예매했어요.

B Sure. What's your name?

네. 성함이 어떻게 되세요?

A Who's playing Romeo tonight?

오늘 로미오 역할이 누구야?

B Orlando Bloom is playing Romeo.

Orlando Bloom이야.

---

theater 극장   book 예매하다   play 연기하다

다시 보기로 복습해볼까?

| **다음 빈칸에 알맞은 단어를 써서 문장을 완성해 보세요.**

_____ been to Australia?

호주에 가본적 있니?

2 **다음 빈칸에 '~구했다'에 해당하는 단어를 써 보세요.**

I _____ three musical tickets for free.

앞의 대화를
참고해서 해봐!

포기 금지

디테일 더하기

ever 는 언제 쓰는 걸까?

'Have you ever~?'라는 구문을 적어도 한 번은 들어 보셨을 텐데요.
여기에 사용된 ever는 무슨 뜻이고, 언제 쓰는 걸까요? ever의 뜻은
'인생 동안'입니다. 따라서 물어보는 경험이 얼마나 특별하냐에 따라 붙
여도 좋고 안 붙여도 좋습니다.

여가 시간 보내기 파트를 배운 당신
이 정도는 말할 수 있다!

1 공짜 뮤지컬 티켓이 두 장 생겼어요. 평소 마음에 들었던 그 친구에게 같이 보러 가자고 말해볼까요?

2 친구와 헬스장에서 땀을 빼고 났더니 허기진 당신. 맛있는 저녁을 먹어야 할 거 같아요. 친구에게 운동 후에 저녁 먹자고 말해 볼까요?

정답 **1_** I got two free musical tickets. Do you want to come with me?
2_ How about going for dinner after the gym?

아직, 한 번 남았어

열 번째 작심삼일

일상 대화 나누기

스몰 토크를 하고 싶다면?

혹시 외국인 친구가 있으신가요? 외국인 친구와 시간을 보낼 때 적절한 스몰 토크를 할 줄 모르면 매우 어색하겠죠? 마지막 작심삼일을 통해 혹시 맞닥뜨리게 될지도 모르는 상황을 준비해 보세요. 의견 묻기, 날씨에 대해 이야기하며 공감 구하기, 그리고 새해 결심에 대해 이야기하는 법에 대해 살펴보아요.

의견 묻기

DAY 1
What do you think of BTS' new song?

공감 구하기

DAY 2
Don't you think it's too cold these days?

새해 결심 이야기하기

DAY 3
What is your New Year's resoluton?

DAY 1

의견 묻기

What do you think of BTS' new song?

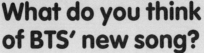

>🎧< 10-1

기본 회화로 말해볼까?

A Hey, **what do you think of BTS' new song?**

BTS 신곡에 대해서 어떻게 생각해?

B It's great. I love its beats and melody.

나는 멋지다고 생각해. 비트랑 멜로디가 정말 좋아.

A Yeah, I hear you. The lyrics are so easy to sing, and catchy, too.

그렇지? 가사도 따라 부르고 기억하기 쉬워.

> **Tip** "Yeah, I know." 역시
> "그렇지?" "내말이!"라는 강한 동의의
> 표현인데요. 말할 때의 억양이 중요해요.
> 우리말로 "내말이!~!"라고 말할 때
> 처럼 말해 보세요.

---

lyrics 노랫말, 가사   catchy 외우기 쉬운

1 'What do you think of + 명사?' What do you think 뒤에 of를 붙인 후, 명사를 넣으면 '그 명사에 대한 너의 생각이 어떠냐'하고 묻는 표현이 됩니다. 일상 대화에서는 of 대신 to를 사용하기도 해요.

2 "It's great."이라고 말하는 것 보다 앞에 'I think'를 붙이면 자신의 의견이 그러함을 말하게 되고 단정하는 듯한 뉘앙스가 옅어집니다.

3 "Yeah, I hear you." 이 대화에서는 '너가 들린다'가 아니라 '네 말이 무슨 말인지 알아, 내 생각도 그래'라는 동의의 표현입니다.

:🎧: 10-2

 표현 더하기

- How do you think of ~?
  ~가 어떤 것 같니?

- What do you think about ~?
  ~에 대해 어떻게 생각하니?

- Do you have any ideas?
  무슨 좋은 생각 있어?

🎧 10-3

A **How do you think of** my new hairstyle?
내 새로운 머리 스타일에 대해 어떻게 생각해?

B Definitely better than the last one.
지난 번보다 훨씬 나아.

A **What do you think about** the professor?
그 교수님에 대해 어떻게 생각해?

B I think she is generous with lateness.
지각에 관대하신 것 같아.

A We need to buy a present for mom and dad.
우리 엄마, 아빠 선물 사야 해.

B I know. **Do you have any ideas?**
맞아. 무슨 좋은 생각 있어?

---

definitely 확실히, 분명히   professor 교수   generous 관대한
lateness 지각, 늦음   present 선물

 **다시 보기**로 복습해볼까?

1 "새로 생긴 식당 어떤 거 같아?"에 해당하는 영어 표현으로 알맞지 않은 것을 골라 보세요.

① What do you think about the new restaurant?

② How do you think of the new restaurant?

③ Do you have any ideas?

2 "내말이!"에 해당하는 말을 영어로 써 보세요.

<hr />

포기 금지 ☆ 한 번 써보면 더 잘 기억할 수 있어!

디테일 더하기

think of VS **think about**

think of와 think about 모두 혼용해서 쓰이는 경우가 많습니다. 둘 다 '~에 대해 생각하다'라는 뜻을 가지고 있어요.

공감 구하기
Don't you think it's too cold these days?

기본 회화로 말해볼까?

:🎧: 10-4

A **Don't you think it's too cold these days?**
요즘 너무 추운 것 같지 않니?

B **Yes, you're right. And it's only October!**
응, 맞아. 겨우 10월인데!

A **I should find my winter coat tomorrow.**
내일은 겨울 옷을 꺼내 입어야겠어.

October 10월

① 'Don't you think + 주어 + 동사?'는 '…가 ~하다고 생각하지 않니?' 라는 의문문입니다. 'Do you think~?'는 '~라고 생각하니?'라고 물을 때, 'Don't you think~?'는 '~라고 생각하지 않니?'라고 물을 때 사용합니다.

② "It's only October!" 여기서 only는 '오직'이라는 뜻보다는 '겨우'라는 뜻으로 사용되었습니다.

③ "I should find my winter coat tomorrow."는 '내일은 겨울 옷을 찾아야겠어, 꺼내 입어야겠어'라는 뜻으로, should 대신에 구어체로 gotta(= got to)를 쓰기도 합니다.

 표현 더하기   🎧 10-5

- Isn't it?
  그렇지 않니?

- Do you think + **주어** + **동사**?
  …가 ~하다고 생각하니?

- Doesn't it?
  그렇지 않니?

A It is delicious! **Isn't it?**
너무 맛있다! 그치?

B Yes, the food here is great.
응, 여기 음식 최고다.

- -

A **Do you think** they are dating in secret?
넌 걔네가 몰래 사귀고 있다고 생각해?

B Well, I'm not sure.
글쎄, 잘 모르겠네.

- -

A That dress looks stunning! **Doesn't it?**
저 드레스 너무 예쁘다! 그치?

B Yeah, but it must be expensive, too.
그러네, 근데 엄청 비쌀 거야.

---

delicious 아주 맛있는   in secret 몰래, 비밀스럽게
stunning 아주 아름다운, 깜짝 놀랄

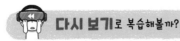 **다시 보기**로 복습해볼까?

다음 빈칸에 알맞은 말을 넣어 문장을 완성하세요.

① _____ it is hot in here?
여기 더운 것 같지 않니?

② _____ the food here is great?
이곳 음식이 훌륭하다고 생각하니?

자신의 상황에 맞게
빈칸을 채우시면 더 좋습니다.

포기 금지

디테일 더하기

Isn't it delicious? 와 **Is it delicious?** 의 속뜻

"Isn't it delicious?"라고 하면 맛있다고 생각해서 묻는 말이고,
"Is it delicious?"라고 하면 맛을 모르거나 혹은 맛이 없다고 생각해서
묻는 말이에요.

새해 결심 이야기하기

What is your New Year's resolution?

기본 회화로 말해볼까?

🎧 10-7

A **What are your New Year's resolutions?**
새해 계획이 어떻게 돼?

B **First is to lose weight. What about you?**
첫 번째는 살을 빼는 거야. 너는?

A **Mine is to learn English.**
나는 영어를 배우는 거야.

---

resolution 결심   weight 몸무게

꼭 필요한 포인트만 콕 집어줄게

1. New Year's resolution은 새해 계획이라는 뜻입니다. 연말연시에 자주 쓰는 표현이지요. "What is your New Year's resolution?" 혹은 "What are your New Year's resolutions?"라고 물어보세요.

2. 'First is…' '첫 번째는…'이라는 뜻입니다. 대신에 "First of all, to lose weight."이라고 바꿔 쓰셔도 좋습니다.

3. "Mine is to learn English."에서는 New Year's resolution을 mine 으로 받아서 이야기했습니다.

 표현 더하기 :🎧: 10-8

- What did you do this year?
  올해는 어떤 걸 했어?

- Tell me your goals for next year.
  내년 새해 목표가 뭐니?

- I want to travel South America.
  나는 남미를 여행하고 싶어.

연말연시 직장에서 영어

응용 **대화**로 말해볼까?

A What did you do this year?

올해는 어떤 걸 했어?

B Moving out from my parents was the biggest thing.

독립하는 게 제일 큰일이었지.

A Tell me your goals for next year.

내년 새해 목표들 좀 말해줘.

B I will exercise every day.

나는 매일 운동할 거야.

A I want to travel South America next year.

나는 내년에 남미를 여행하고 싶어.

B Great! Are you going alone?

멋지다! 혼자 갈 거야?

---

move out 이사를 나가다   goal 목표   exercise 운동하다   alone 혼자

😎 정답 185쪽

다시 보기로 복습해볼까?

1 다음 중 "너의 새해 계획이 뭐니?"에 해당하는 영어 표현을 골라
보세요.

① What are your New Year's willings?

② What are your New Year's traditions?

③ What are your New Year's resolutions?

2 영어로 '몸무게'에 해당하는 단어를 써 보세요.

헷갈린다면 앞의 내용을
확인해도 괜찮아!

포기 금지

디테일 더하기

resolution vs **goal**

resolution과 goal을 바꿔 쓰는 경우가 많지만 사실 다른 뜻입니다.
resolution은 무언가를 하거나, 혹은 하지 않기 위한 단호한 결정이에
요. goal은 노력의 과정을 통해 도달하고자 하는 결과를 말합니다.

일상 대화 나누기 파트를 배운 당신 이 정도는 말할 수 있다!

1 새해가 밝았어요. 친구들에게 올해는 어떤 계획을 세웠는지 한 번 물어볼까요?

2 BTS의 신곡이 나왔어요. 나는 노래가 마음에 드는데 친구는 어떻게 생각하는지 뭐라고 물어볼 수 있을까요?

정답 1_What are your New Year's resolutions?
2_What do you think of BTS' new song?

나는 했지~ 작심

공부 했지~ 3일

10번 했지~ The end~!!!

Flex~

많이 알면 알수록
유익한 표현들

★ 대중 교통을 이용할 때

• Where is the bus ticket office?

버스 매표소가 어디에 있어요? (버스)

• How much is the fare to the Plaza Hotel?

플라자 호텔까지 가는 요금이 얼마예요? (버스, 택시)

• Where is the taxi stand?

택시 승강장이 어디예요? (택시)

• Open the trunk, please.

트렁크 좀 열어 주세요. (택시)

• To this address, please.

이 주소로 가주세요. (택시)

• Turn on(off) the A/C, please.

에어컨 좀 켜(꺼)주세요. (택시)

- **Keep the change.**
  잔돈은 가지세요. (택시)

- **I'd like my change, please.**
  잔돈 주세요. (택시)

- **Where should I transfer?**
  어디서 갈아타야 하나요? (버스, 지하철, 기차)

- **I can't get a ticket.**
  티켓이 안 나와요. (버스, 지하철, 기차)

- **I left my bag on the train.**
  가방을 기차에 놓고 내렸어요. (지하철, 기차)

- **I had a traffic accident.**
  교통사고가 났어요.

- **I'm sorry. I'm a stranger here.**
  죄송합니다. 여기 처음 와서요.

- **Is it far?**
  멀어요?

- **Is it close?**
  가깝나요?

- **Can I walk there?**
  거어서 갈 수 있나요?

- **bus ticket office** 버스표 매표소
- **ticket booth** (열차) 매표소
- **ticket machine** 자동 발매기
- **one-way ticket** 편도 티켓
- **round-trip ticket** 왕복 티켓
- **transfer** 갈아타다
- **time table** (기차) 시간표
- **fare** 요금
- **student discount** 학생 할인
- **senior discount** 연장자 할인 (경로 할인)
- **double-decker bus** 2층 버스
- **taxi stand** 택시 승강장

Does this bus go to City Hall?
이 버스 시청 가나요?

★ 외식을 할 때

- Please wait to be seated.
  기다리시면 자리 안내해 드릴게요.

- I haven't decided yet.
  (메뉴를) 아직 결정 못했어요.

- I'm expecting someone.
  일행을 기다리고 있어요.

- No cilantro, please.
  고수는 빼 주세요.

- It's undercooked.
  덜 익었어요.

- It's overcooked.
  너무 익었어요.

Can I make a reservation?
예약을 할 수 있을까요?

- It's burnt.
  너무 탔어요.

- Separate checks, please.
  계산을 따로 해 주세요.

- The check is wrong.
  계산서가 잘못되었어요.

- Is the tip included?
  팁이 포함되어 있나요?

- expect someone
  일행을 기다리다

- local food
  현지 음식

★ 쇼핑을 할 때

- **What floor is the supermarket on?**
  슈퍼마켓이 몇 층에 있나요?

- **Can I try this on?**
  이거 입어 봐도 돼요?

- **Where is the fitting room?**
  탈의실이 어디예요?

- **Is this on sale?**
  할인돼요?

- **Is this the sale price?**
  이 가격이 할인 가격인가요?

- **Can you wrap it?**
  포장해 줄 수 있어요?

- **Can you gift wrap it?**
  선물 포장해 줄 수 있어요?

- traditional market 재래시장
- knock-off 모조품
- local product 지역 특산품
- down(up) escalator 내려가는(올라가는) 에스컬레이터

정답

DAY 2 택시 이용하기

1 ③
2 Let me off here, please. / You can let me off here. / Pull over here, please. / Right here.

DAY 3 지하철 이용하기

1 ②
2 I'm lost.

일곱 번째 작심삼일
외식하기

DAY 1 예약하기 / 자리잡기

1 Can we have a table for three by the window?
2 reservation

DAY 2 주문하기

1 ③
2 order

DAY 3 요청하기

1 Excuse me. I didn't order this.
2 I'm sorry, but this is cold.

여덟 번째 작심삼일
쇼핑하기

DAY 1 물건 고르기

1 Can I help you? / Do you need any help?
2 nephew

DAY 2 계산하기

1 in a six-month installment
2 Here you are. / Here you go.

DAY 3 환불/교환하기

1 ②
2 receipt

3일이면 괜찮잖아

'웃음'을 그리는 일러스트레이터 가오.
'태평이' 캐릭터로 다양한 그림을 그리고 있으며
기업 마케팅, 그라폴리오 연재, 출판 등의 작업을 하고 있습니다.

grafolio.naver.com/xplusmedia
www.instagram.com/gaotoon/

작심3일 10번으로 영어 끝내기

초판인쇄	2020년 12월 20일
초판발행	2021년 1월 2일
저자	유시찬
책임편집	송지은, 진혜정, 김한나
펴낸이	엄태상
디자인	권진희
조판	이서영
콘텐츠 제작	김선웅, 전진우, 김담이
마케팅	이승욱, 전한나, 왕성석, 노원준, 조인선, 조성민
경영기획	마정인, 최성훈, 정다운, 김다미, 전태준, 오희연
물류	정종진, 윤덕현, 양희은, 신승진
펴낸곳	랭기지플러스
주소	서울시 종로구 자하문로 300 시사빌딩
주문 및 교재문의	1588-1582
팩스	0502-989-9592
홈페이지	http://www.sisabooks.com
이메일	book_english@sisadream.com
등록일자	2000년 8월 17일
등록번호	제1-2718호

ISBN   978-89-5518-668-0 (13740)

상 장

작심삼일 상   이름 :＿＿＿＿＿

위 사람은 매번 실패하는 사람들의
모범이 되어 작심삼일을 열 번이나
해냈으므로 이 상장을 수여합니다.

          년   월   일
작심삼일 편집위원회

작심3일 10번의 여정을 마친 스스로를 아낌없이 칭찬하세요!
점선을 따라 오려 나에게 상장을 수여해 보세요.